しごとの日本語

IT業務編

JAPANESE FOR BUSINESS
FOR THE INFORMATION TECHNOLOGY INDUSTRY

村上吉文

はじめに

　近年の目覚ましい情報技術（IT）の発展に伴い、ITエンジニアたちの国境を越えた活躍には目を見張るものがあります。日本も例外ではなく、拡大し続ける需要を補うために海外の優秀な頭脳を大量に必要としています。そのような背景から、海外のITエンジニアが業務で困らないよう、実践的な日本語のテキストがあればと思い本書の執筆に当たりました。

　本書では動詞の活用などの初歩的な内容は説明していませんので、少なくとも初級前半を修了している人を対象にしています。

　第1章は、第2章に入る前のウォームアップです。日本から遠く離れた中国とインドの地で、二人のエンジニアが日本へと旅立っていくまでのストーリーを楽しみながら、初級の文法を確認しましょう。ここで取り上げている文法項目がまだ難しいと感じられたら、第2章に入る前に、もう少し復習が必要かもしれません。

　第2章では、システム開発の仕事の流れに沿って、プロジェクトチーム内で必要になる会話を再現しています。最も基本的なウオーターフォール型開発モデルの流れをベースにしているので、多くの現場で参考にできると思います。二人の外国人エンジニアが日本人の上司や同僚といろいろな障害を乗り越えながら、システムを完成させていきます。

　最後の第3章は、前の1・2章とは異なり、主に文章表現をメインに学習します。システムの機能を表したフローチャートと文章のほかに、多くの現場で必要になる顧客管理、販売管理、在庫管理の分野で用いられる語彙を多数収録しています。

　この本を作るに当たって、多くの人の力をお借りしました。まず、私が国際交流基金の日本語教育専門家としてモンゴルに派遣された際に、IT専門家として来ていた井出博之さん。そもそも井出さんのプロジェクトに巻き込まれることがなければ、エンジニア対象の日本語教育の世界に足を踏み入れることすらなかったでしょう。また、第3章の執筆に当たり、株式会社アルマスのジリムトさんには貴重な資料を見せていただき、アルクの渡邉卓也さんにはたいへん貴重な助言をいただきました。そして、本書の企画段階から担当してくれた編集者の伊藤みずほさん。私にとって初めての単独の著書となる本書の作成において、盲目ランナーにとっての併走者のような存在でした。そして最後に、ヒシゲーさんやマルタさんをはじめとするモンゴル人のITエンジニアの皆さん。かつて本書のパイロット版で日本語を学んだ皆さんが、その後日本で活躍していなければ、出版までの苦しい道のりを歩むことはできませんでした。本当にありがとう。

　本書に登場する二人のエンジニアのように、これから海を渡ろうとしている若き冒険者たちにとって、この本が何らかの力になってくれることを切に祈っています。

2008年10月
村上吉文

本書の使い方

① Unit とタイトル

日本で働くに当たり、直面するであろう場面ごとに、23 の UNIT に分かれています。また、各タイトルの下の文章は、モデル会話の理解を助けるための導入です。

The book is divided into 23 units, each one dealing with situations that you might encounter when working in Japan. The explanations under each title are introductions for understanding the dialogues.

② 目標

そのユニットで身に付けたい事柄です。
These are the skills you will learn from the unit.

⑤ 会話の理解／表現の理解

③の表現を取り上げ、内容理解のためのポイントを英語で説明しています。表現が自然に口をついて出てくるようになるまで、繰り返し口頭練習をしましょう。

Here we take the most important expressions from the dialogue and explain them in English. If you frequently practice them orally, you will be able to say them easily and naturally.

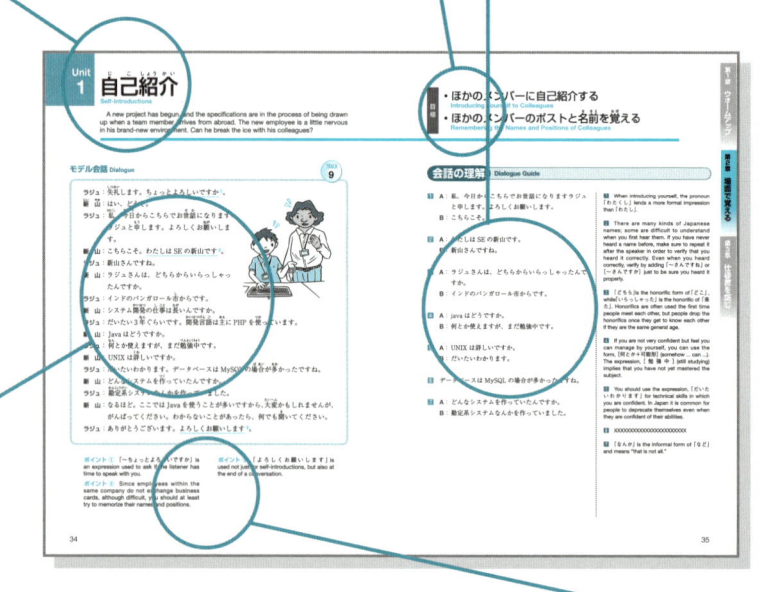

③ モデル会話

第1章と第2章では、実用的な会話文を主に取り上げています。まず、こちらと④に目を通したら、今度は CD で先を予測しながら聞いてみましょう。第1章では文章表現も取り上げており、特に UNIT 2 の職務経歴書は、実際に使える形式なので参考にしてみてください。第3章では、よくあるシステムの機能をフローチャートで示しています。一般的な仕様書では、フローチャートとは別の用紙に、機能が文章で説明されている場合が多いようですが、本書では、学習者の理解を助けるためにフローチャートに文章も挿入しています。

Chapters 1 and 2 consist mainly of practical dialogues. First take a look at the dialogue, then listen to the CD and try to predict what you will hear next. Useful expressions are also listed in Chapter 1. Unit 2 of Chapter 1 includes the actual format for a résumé that you can use for reference. Chapter 3 has flowcharts of common systems. Although general system specifications are usually explained separately from flowcharts, in this book, we have inserted the explanations into the flowcharts to facilitate understanding.

④ ポイント

③の理解を助けるために、文中の下線部について、表現の背景や開発の流れを簡単に説明しています。IT に詳しくない人でも、ここを参照すればだいたいの流れがわかるはずです。

To aid understanding, we have included simple explanations of the expressions and flow of the product development discussed in the sentences underlined in the dialogue. Even those of you who are not well-versed in the high-tech area should be able to follow the flow if you refer to this.

⑥ 聞き取り練習

モデル会話と似たような状況で、別の人が会話をしています。選択肢には、同じような場面で使われやすい用語が含まれています。

Different speakers conduct conversations similar to those in the dialogues. The vocabulary word bank contains terms that are likely to be used in similar situations.

⑧ 語彙

本文およびスクリプト中に出てくる語彙を収録しています。

This is a list of the vocabulary words used in the dialogue and the listening script.

⑨ 発展語彙

本文中には出てこない語彙ですが、覚えておくと役立つ語彙を取り上げています。

These words do not appear in the dialogue, but are provided as a useful supplement to the material.

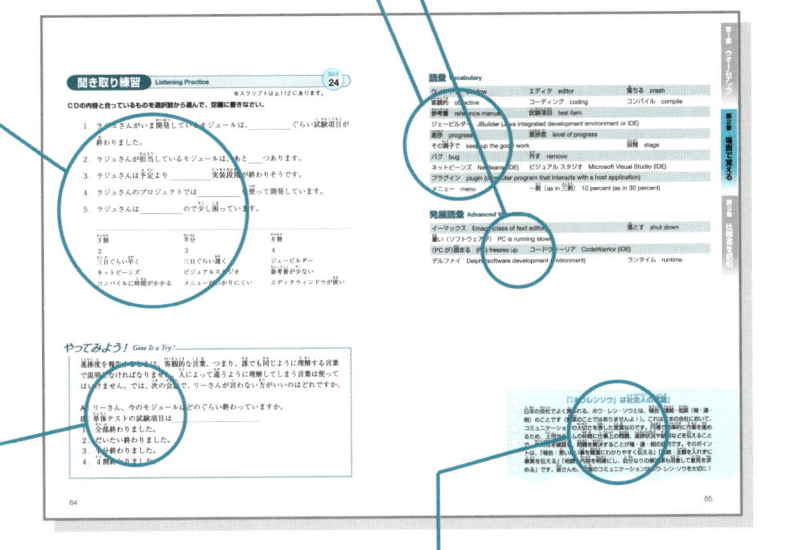

⑦ やってみよう！

第1章と第2章では、⑤で扱った項目の発展的な内容を取り上げています。答えに迷ったときは前のページに戻って確認しましょう。第3章は、各ユニットのフローチャートに関して、その理解を問う問題です。これができれば、本当の仕様書を読むのにほとんど問題ないレベルだと言っていいでしょう。

In Chapters 1 and 2 we develop the items included in the Dialogue Guide. If you aren't sure of an answer, refer back to the previous page. Chapter 3 contains problems that test your understanding of the flowcharts in each unit. If you can do these, you should be able to read actual specifications without any trouble.

⑩ コラム

国によって、仕事の進め方や働き方にも違いがあるようです。ここではそういった事柄や仕事に役立つ情報を取上げ、コラムとしてまとめています。時間に余裕があれば読んでみましょう。

Each country has its own approach to work and work procedures. We have selected some of these and other useful information to include in this "column." Read them when you have time.

目次

はじめに Preface ・・・・・・・・・・・・・・・・・・・・・・・・・・・・ 3
本書の使い方 How to Use This Book ・・・・・・・・・・・・・・ 4
目次 Contents ・・・・・・・・・・・・・・・・・・・・・・・・・・・・・・ 6

第1章 ウオームアップ ▶日本で仕事を見つけよう
Warming-up

Unit 1 求人ポスター ・・・・・・・・・・・・・・・・・・・・ 12
Help Wanted Ads

Unit 2 電話で問い合わせる ・・・・・・・・・・・・・・ 16
Making a Follow-up Call

Unit 3 職務経歴書 ・・・・・・・・・・・・・・・・・・・・・・ 20
Résumé

Unit 4 面接 ・・・・・・・・・・・・・・・・・・・・・・・・・・・・ 24
The Interview

Unit 5 ビザの取得 ・・・・・・・・・・・・・・・・・・・・・・ 28
Getting a Visa

第2章 場面で覚える ▶プロジェクトチームの一員になろう
Learning on the Job

Unit 1 自己紹介 ·· 34
Self-Introductions

Unit 2 要件定義書の読解 ·· 38
Understanding the Software Requirements Specifications

Unit 3 内容確認 ·· 42
Verifying Content

Unit 4 担当業務の通知 ·· 46
Notification of Your Work Assignment

Unit 5 詳細設計書を書く ··· 50
Writing Low Level Design Documents

Unit 6 仕様変更 ·· 54
Change Requests

Unit 7 単体テスト終了報告 ·· 58
Reporting Completion of a Unit Test

Unit 8 進捗状況の報告 ·· 62
Progress Report Confirmation

目次

Unit 9　**遅延報告** ··· 66
　　　　Reporting a Delay

Unit 10　**担当モジュール完成報告** ······································ 70
　　　　Reporting Completion of a Module Assigned to You

Unit 11　**結合テスト** ··· 74
　　　　Combination Test

Unit 12　**デバッグ終了報告とシステムテストの準備** ······· 78
　　　　Reporting Completion of Debugging and Preparation for System Test

Unit 13　**システムテスト** ·· 82
　　　　System Test

Unit 14　**オペレーションデモの準備** ··································· 86
　　　　Preparing an Operation Demo

Unit 15　**オペレーションデモ** ·· 90
　　　　Operation Demo

第3章 仕様書を読む ▶文章表現に慣れておこう
Reading Specifications

Unit 1 販促対象検索処理 ················· 96
Sales Promotion Tracking

Unit 2 受注処理 ······················· 100
Order Fulfillment

Unit 3 発注処理 ······················· 104
Order Processing

〈聞き取り練習〉スクリプト ··············· 108
〈Listening Practice〉Script

〈やってみよう！〉解答と解説 ············· 116
〈Let's Try!〉Answers & Explanations

索引 ······························· 120
Vocabulary Index

第1章 ウオームアップ
日本で仕事を見つけよう

登場人物紹介
Characters

リーさん
中国出身のシステムエンジニア。大学時代に日本語の勉強もしていたため、日本語レベルはなかなかのもの。

ラジュさん
インド出身のシステムエンジニア。プログラミングの能力には自信があるが、日本語はまだまだ勉強中。特に漢字が苦手。

新山さん
未来創造社に入社6年目のシステムエンジニア。リーさんやラジュさんが困っているとき、相談に乗ってくれる。

大沢さん
3人の上司で上級システムエンジニア。いつも無口だが、お酒を飲むと美人の奥さんの自慢をする。

井出さん
プロジェクトマネージャー。アメリカの有名な会社からヘッドハンティングされてきた。

田口さん
未来創造社の人事部で、外国人社員を担当している。

Unit 1 求人ポスター
Help Wanted Ads

Li-san in China and Raj in India are currently seeking employment opportunities in Japan. Both noticed this ad in their respective countries.

私たちは未来を作る会社です。
夢に向かって走っている人を求めています。

たしかな技術

高いレベル

あたたかい仲間たち

私たちといっしょに
未来を作りませんか。

未来創造社
オフィスは通勤に便利な渋谷①にあります。
インド・中国など海外にも支社②があります。

エンジニアのみなさまへ
当社には、海外出身のエンジニアが大勢います。

求人の詳細は、当社のウェブサイトをご覧ください。
www.shin_mirai.co.jp

ポイント① Shibuya, also called "Bit Valley," is an area of Tokyo where high-tech firms are located. "Bit" is a pun on the meaning of *shibu* (bitter) and the data unit, "bit," while "Valley" is the meaning of *ya*. It also references the original high-tech area of Silicon Valley in Santa Clara, California.

ポイント② A 支社 (branch) is a part of a company that is geographically separated from the central organization.

目標
- 求人ポスターの内容が理解できる
  Understanding the Help Wanted Ad
- 募集している会社の概要が理解できる
  Understanding the Recruiting Company's Profile

表現の理解　Expressions Guide

1. 「たしかな技術」
   「高いレベル」
   「あたたかい仲間たち」

2. オフィスは通勤に便利な渋谷にあります。

3. 当社には、海外出身のエンジニアが大勢います。

4. 私たちといっしょに未来を作りませんか。

5. 求人の詳細は、当社のウェブサイトをご覧ください。

6. 私たちは未来を作る会社です。
   夢に向かって走っている人を求めています。

---

1. There are two kinds of adjectives in Japanese: *i*-adjectives and *na*-adjectives. When an adjective modifying a noun ends in *i* it is an *i*-adjective, and when it ends in *na*, it is a *na*-adjective.

2. There are two verbs indicating existence in Japanese: *aru* and *iru*. *Aru* is used to indicate inanimate things; companies and other organizations naturally take *aru*.

3. The verb, *iru*, is used to indicate living things such as people and animals.

4. When an interrogative phrase is made using a negative verb, the sentence becomes an invitation. It is similar in meaning to 「〜ましょう」, but is somewhat stronger, and indicates that the action has already been decided upon.

5. 「ご覧」 has the same meaning as 「見る」, to see, but is an honorific. Here it means, "Please look at this." Using the *te*-form of the verb + *kudasai*, it becomes a directive or request.

6. 「未来を作る」describes the noun, 「会社」. When a clause modifies a noun, it is common even in polite expressions to use the dictionary form of the verb or *i*- and *na*-adjectives.

聞き取り練習　Listening Practice

TRACK 1

※スクリプトは p.108 にあります。

CDの内容と合っているものを選択肢から選んで、空欄に書きなさい。

1．この会社の名前は＿＿＿＿＿＿＿です。

2．この会社は＿＿＿＿＿＿＿に支社があります。

3．エンジニアの数は＿＿＿＿＿＿＿人です。

4．この会社は＿＿＿＿＿＿＿の分野で活躍しています。

ロボットソフト社	アルクテクノロジー社	未来テクノロジー社
シリコンバレー	シアトル	新宿
3,050	3,500	35,000
ナノテクノロジー	ロボット開発	半導体製作

やってみよう！ Give It a Try！

p.13の表現の理解4のように、「～ませんか」は、一緒に何かをすることをお願いしたり誘ったりするときにも使えます。以下の文で、<u>誘いではない</u>のは、どれですか。

1．私たちと一緒に未来を作りませんか。
2．もう少し速くダウンロードできるツールを知りませんか。
3．この会社でインターネットの歴史の新しい1ページを開いてみませんか。
4．一度でいいので、このテストツールを使ってみませんか。

語彙 Vocabulary

秋葉原 Akihabara (place name)	あたたかい warm	インターネット Internet
インド India	ウェブサイト website	エンジニア engineer
オフィス office	海外 abroad	開発 development
活躍する working in, active	企業 company	技術 technology
求人 job application	ご覧になる look at	シアトル Seattle (place name)
支社 branch office	渋谷 Shibuya (place name)	出身 from
詳細 detail	シリコンバレー Silicon Valley (place name)	
新宿 Shinjuku (place name)	製作 manufacturing	ダウンロード download
中国 China	通勤 commute	ツール tool
テクノロジー technology	当社 this company	仲間 friends
ナノテクノロジー nanotechnology	半導体 semiconductor	分野 field
未来 future	未来創造社（架空の会社名）Future Creations Company (fictitious company name)	
求める seeking	夢 dreams	ロボット robot

発展語彙 Advanced Vocabulary

オンラインゲーム online game	技術コンサルティング technical consulting
ソフト software	ハード hardware
バイオテクノロジー biotechnology	メカトロニクス mechatronics
ユビキタスネットワーク ubiquitous network	

「飲みニケーション」

「飲みニケーション」とは、飲む＋コミュニケーションの造語で、上司・先輩・同僚などが、仕事帰りにお酒を飲みながら打ち解けて話をすることです。皆さんのなかには、仕事の後は会社以外の友達と過ごしたいという人もいるかもしれません。でも、上司が居酒屋に誘ってきたら、特別な事情がない限り、一度は誘いを受けてみるとよいでしょう。職場では言えないようなアドバイスをしてくれたり、社内の人脈を教えてくれたりするかもしれません。また、普段はまじめな上司でも、お酒を飲むとよくジョークを言う、なんていう意外な一面が見られて面白いかもしれませんよ！

Unit 2 電話で問い合わせる
Making a Follow-up Call

Li-san saw a help wanted ad for Future Creations Company and immediately checked the details on the company's website. She wanted to confirm the job's qualification requirements so she decided to make an inquiry by phone.

モデル会話 Dialogue

受付：はい、未来創造社でございます。

リー：私、リーと申しますが、御社の求人ポスターを拝見しまして……。エンジニアの募集について、お尋ねしてもよろしいでしょうか。

受付：求人の件ですね。担当の者に代わりますので、少々お待ちください。

田口：お電話代わりました。人事部の田口と申します。

リー：お忙しいところ失礼いたします。リーと申しますが、エンジニアの応募資格の件で、質問させていただけますか。

田口：はい、どうぞ。

リー：あの、日本の情報処理技術者試験①を受けたことがないんですが、日本で働くには、この試験に合格していなければなりませんか。

田口：失礼ですが、どちらからおかけですか。

リー：中国の大連です。

田口：ああ、中国の場合は、情報産業部の試験②に合格していれば大丈夫ですよ。

リー：そうですか。プログラマーの部門でもいいですか。

田口：プログラマー部門でもビザは出ます。でも、採用試験には技術関連の問題がありますから、まずはそれに合格しなければなりませんね。

リー：技術的な内容も試験されるんですね。ほかにどんな試験がありますか。

田口：一次試験では、技術試験のほかに、日本語テストがあります。それに合格したら2次試験の面接を受けてもらいます。2次試験に合格すれば採用です。

リー：そうですか。応募書類は郵送するのでしょうか。

田口：メールに添付してもいいですよ。

リー：よくわかりました。ありがとうございました。

ポイント① The Japan Information Technology Engineers Examination (JITEC) is a national exam administered by the Information-Technology Promotion Agency (IPA) in the Ministry of Economy, Trade and Industry.

ポイント② Of the examinations administered by the China Electronic Information Education Center under the Ministry of Industry and Information Technology of the People's Republic of China, the IPA recognizes six categories, including programmer.

目標

- 電話で求人の応募資格を確認できる
  Checking Job Qualifications by Phone
- 電話で採用試験の詳細を質問できる
  Checking the Hiring Exam Details by Phone

会話の理解 Dialogue Guide

1 A：リーと申しますが、エンジニアの応募資格の件で、質問<u>させていただけ</u>ますか。
B：はい、どうぞ。

2 A：日本の情報処理技術者試験を<u>受けたことがない</u>んですが、日本で働くには、この試験に合格していなければなりませんか。

3 B：採用試験には技術関連の問題がありますから、まずはそれに<u>合格しなければなりません</u>ね。
A：技術的な内容も試験されるんですね。

4 A：ほかにどんな試験がありますか。
B：一次試験では、技術試験のほかに、日本語テストがあります。それに合格したら2次試験の面接を<u>受けてもらいます</u>。

5 B：2次試験に<u>合格すれば</u>採用です。

6 A：応募書類は郵送するのでしょうか。
B：メールに<u>添付してもいい</u>ですよ。

---

1 The causative verb form, as we can see here, can be used for seeking permission besides impelling actions. If the ending 「〜てください」 is appended, the meaning approximates 「〜てもいいですか」.

2 The verbal *ta*-form +「〜ことがある」or「〜たことがない」indicates whether or not the person has had a particular experience.

3 The form 「〜なければならない」 indicates obligation or necessity. If there is no obligation or necessity, the form used is 「〜なくてもいい」.

4 The form 「〜てもらいます」 indicates a request or directive for someone to do some action. But as is apparent here, in business situations, the form can simply be used in the same way as is 「〜てください」.

5 As we see in this sample sentence, with the conditional ~ba, dreams or objectives are listed in the second clause. When the conditions necessary to achieve these objectives are included in the first clause, the sentence becomes a very natural expression.

6 「〜てもいい」 is an expression granting permission. The third sentence in the dialogue —Li-san's question—「〜てもよろしいでしょうか」 is a politer form of 「〜てもいいですか」.

聞き取り練習　Listening Practice

TRACK 3

※スクリプトは p.108 にあります。

CDの内容と合っているものを選択肢から選んで、空欄に書きなさい。

1. 電話で質問している人は＿＿＿＿＿＿さんです。

2. その人は、＿＿＿＿＿＿で働いています。

3. その人は＿＿＿＿＿＿から求人の資料を手に入れました。

4. その人は資料を＿＿＿＿＿＿ぐらい読みました。

山田	ラジュ	リー
ハノイ	上海	バンガロール
現地支社	ウェブサイト	親戚
25%	50%	100%

やってみよう！ Give It a Try !

使役の形に「～てください」を付けて、「～せてください」とすると、自分のやりたいことを上司などに許可してもらうときに便利です。次の1～4の中には、<u>それとは違う意味の</u>「～せてください」がありますが、それはどれですか。

1. 「すごい開発ツールを見つけました。ぜひ、これを使わせてください」
2. 「ずっと待っているんです。そのデバッグを早く終わらせてください」
3. 「もっとシンプルに作れるはずです。私にコードを書かせてください」
4. 「ごちそうさまでした。次は私に払わせてください」

語彙 Vocabulary

一次 preliminary	応募 answer an ad	お尋ねする ask (humble)
御社 your company (honorific)	関連 related to	求人ポスター help wanted ad
許可する allow	現地 local	合格 pass
コード code	採用 hiring	資格 qualifications
上海 Shanghai (place name)	上司 boss, manager	少々 a short while
情報 information	情報産業部 Ministry of Industry and Information Technology	
情報処理技術者試験 Japan Information-Technology Engineers Examination		
書類 documents	資料 paperwork	人事部 personnel department
親戚 relatives	シンプル simple	大連 Dalian (place name)
担当 be in charge, be assigned	デバッグ debug	添付 attachment
ドアック DOEACC (Department of Electronics Accreditation of Computer Courses) (India)		
内容 content	二次 secondary	拝見する to see (humble)
ハノイ Hanoi (place name)	バンガロール Bangalore (place name)	半分 half
ビザ visa	部門 field	プログラマー programmer
募集 recruiting	メール email	面接 interview
申す be called (humble)	有効 effective	郵送 to mail

発展語彙 Advanced Vocabulary

科目 item	郵便 postal service

Unit 3 職務経歴書
しょくむけいれきしょ
Résumé

Meanwhile, Raj in Bangalore has also seen the ad and is preparing the documents he needs to apply for the job. His CV is ready; all he needs now is his résumé. Though he struggled with the formal written vocabulary, he has finished typing it.

職務経歴書

2008年11月
ラジュ・タルクダール

【希望職種】
御社ではシステムアナリストとしてのキャリアを積みたいと考えております。

【職務経歴】

1999年	インド情報科学大学を卒業後、インフォシステム・テクノロジー社に入社しました。主な案件は中規模の地方銀行向け業務システムのパッケージ化①でした。
2003年	同社の先進技術研究所に配属され、グリッドコンピューティングについての研究に関わりました。ここではネットワークエンジニアリングの最先端の技術のみならず、研究の基本的な習慣を身に付けることができました。
2005年	開発部門に戻り、同社と日本ユニシステムとの提携業務である、ネット専業銀行の勘定系システム②の開発に携わりました。ここでは金融機関の勘定系システムとしては数少ないオープン系の経験を積むことができました。
2007年〜現在	現在、先進技術研究所でクラウドコンピューティングについて研究しています。

【取得資格】

2004年	Oracle Certified Professional	
2006年	ドアック（DOEACC）③	レベルC

【自己PR】
これまで、研究所での最新技術の研究と、金融系業務システムの開発に関わってまいりました。そのため、先進的で、柔軟、かつ堅牢なシステムの開発に貢献することができると自負しています。常に新しいアイデアを生み出し、勘定系システムの分野をリードしてきた御社なら、私もチャレンジ精神を十分に発揮できると思っております。

ポイント① Software that is not developed for specific local users is called "package software." Packaged software is a computer application program that has been configured into a package format.

ポイント② Accounting information systems are accounting systems used by financial institutions. Most such systems are large and composed of various modules.

ポイント③ The DOEACC (Department of Electronics Accreditation of Computer Courses) is India's IT engineer accreditation system. Levels B and C of the examination administered by DOEACC correspond to the Japan Information-Technology Engineers Examination; they are mutually recognized.

目標
- 職務経歴が説明できる
  Explaining a résumé
- 自分の長所を伝えることができる
  Explaining your strengths

表現の理解　Expressions Guide

1 御社ではシステムアナリストとしてのキャリアを積みたいと考えております。

2 同社の先進技術研究所に配属され、グリッドコンピューティングについての研究に関わりました。

3 ここではネットワークエンジニアリングの最先端の技術のみならず、研究の基本的な習慣を身に付けることができました。

4 開発部門に戻り、同社と日本ユニシステムとの提携業務である、ネット専業銀行の勘定系システムの開発に関わりました。

5 これまで、研究所での最新技術の研究と、金融系業務システムの開発に関わってまいりました。

6 先進的で、柔軟、かつ堅牢なシステムの開発に貢献することができると自負しています。

7 常に新しいアイデアを生み出し、勘定系システムの分野をリードしてきた御社なら、私もチャレンジ精神を十分に発揮できると思っております。

1 If the suffix 「～たい」 is appended to a verb, intention or desire is expressed. In business situations, however, this form is rarely used directly; 「～たいと思っています」 is most often used.

2 The passive form refers to any expression based on the perspective of the party receiving an action. In this example, the agent with which the speaker is affiliated is the company, but since the agent is clear, it is not spelled out.

3 The expression 「～ことができる」 has many meanings, but here it means to be given the chance to do something.

4 This is not elementary level grammar, but is a mandatory expression in résumés. It can also be used for projects in which the person has participated.

5 When 「～てくる」 is put into the past tense, it means that some action has been continuing into the present from a past point in time. 「～まいりました」 is the humble form of 「きました」.

6 Unlike the 「～できる」 in [3], this 「～できる」 indicates ability. In this sentence, the meaning would have been the same if the expression 「貢献できる」 (can contribute) had been used instead.

7 「なら」 can be used to create the same kind of conditional clause as 「ば」, but because it does not have the same limitations as the ~ba in 「補足 5」 on page 17, it can be used more widely.

聞き取り練習　Listening Practice

TRACK 4

※スクリプトはp.108にあります。

CDの内容と合っているものを選択肢から選んで、空欄に書きなさい。

1. リーさんは＿＿＿＿＿＿年に大学に入学しました。
2. リーさんの専攻は＿＿＿＿＿＿でした。
3. リーさんは＿＿＿＿＿＿の時に日本語を勉強し始めました。
4. リーさんは2005年から中国企業の＿＿＿＿＿＿の製作に関わりました。
5. リーさんはその次の年に＿＿＿＿＿＿部門に配属されました。

2000年	2001年	2010年
ハードウェア	プログラミング	日本語
1年生	2年生	3年生
オンラインショップ	広報サイト	求人サイト
オフショア	勘定系システム	研究

やってみよう！　Give It a Try !

空欄にあなた自身の職務経歴を書いてください。

＿＿＿＿＿＿年に＿＿＿＿＿＿を卒業後、＿＿＿＿＿＿に入社しました。
主な案件は＿＿＿＿＿＿向け＿＿＿＿＿＿でした。
＿＿＿＿＿＿年、＿＿＿＿＿＿に配属され、＿＿＿＿＿＿に関わりました。ここでは＿＿＿＿＿＿のみならず、＿＿＿＿＿＿を身に付けることができました。
＿＿＿＿＿＿年、＿＿＿＿＿＿で＿＿＿＿＿＿に関わりました。
ここでは＿＿＿＿＿＿の経験を積むことができました。
＿＿＿＿＿＿年から現在、＿＿＿＿＿＿で＿＿＿＿＿＿ています。
これまで＿＿＿＿＿＿と＿＿＿＿＿＿に関わってまいりました。
そのため、＿＿＿＿＿＿なシステムの開発に貢献することができると自負しています。

語彙 Vocabulary

案件 item	e-コマース e-commerce	
オフショア offshore	Oracle〔オラクル〕 Oracle (RDMS company name)	
オンラインショップ online shopping	(〜に)関わる involved in 〜	基礎 foundation
基本的 basic	キャリア career	業務 work
金融系 financial	クラウドコンピューティング cloud computing	
グリッドコンピューティング grid computing		経験を積む build experience
研究所 research center	堅牢 reliable	貢献 contribution
広報 advertisement	最新 latest	最先端 leading-edge
最適 most suitable	サイト site	システム system
システムアナリスト systems analyst	実用的 practical	自負する be self-confident
習慣 practice	柔軟 flexibility	商習慣 business practice
先進 advanced	(〜に)携わる involved in 〜	地方銀行 regional bank
中規模 mid-size	提携 tie-up	入社 enter a company
ネット専業銀行 online Internet bank		
ネットワークエンジニアリング network engineering		ハードウェア hardware
配属 affiliation	パッケージ化 to package (software)	(〜を)身に付ける learn 〜
〜向け for	リードする leading-edge	履修 study

発展語彙 Advanced Vocabulary

オープン系 open system	強化 strengthen

Unit 4 面接 The Interview

Li-san has had her documents approved and is now ready for the challenge of the interview. She is proficient in Japanese, but is awaiting her turn anxiously in the waiting room, unsure if she can do a good job of presenting herself.

モデル会話 Dialogue

TRACK 5

田口：次の方、どうぞ。
リー：はい、失礼します。
田口：おかけください①。少し緊張しているようですね。大丈夫ですか。
リー：はい、大丈夫です。
田口：まず、今の仕事ですが、大連で日本向けのシステムを開発しているんですね。
リー：そうです。大連e-コマースシステムズという会社に勤めています。
田口：開発環境を教えてください。
リー：主にエクリプスで開発しています。ソースはPHPで書いています。
田口：うーん、PHPですか。Javaはどうですか。
リー：あまり使っていません。
田口：日本で働くのなら、Javaも勉強しておいた方がいいですよ。
リー：はい、がんばります。
田口：日本に行きたいという希望は、もうご家族に話してありますか。
リー：はい、話してあります。
田口：日本で働きたいというのは、どうしてですか。
リー：私は大学でプログラミングと日本語を勉強しましたので、これからも日本向けのサービスに関わっていきたいと思います。そのためにも、20代のうちに日本で働くことを経験しておきたいのです。
田口：中国にある日系企業でも、役に立つ経験は得られるのではありませんか。
リー：もちろん、中国にある日系企業でも、日本の会社のことは勉強できると思います②。ただ、私は会社の中のことだけでなく、お客さまのことも知りたいのです。そのためには日本へ行って生活してみることが必要だと思っています。
田口：なるほど。

ポイント ① A guide will be present to direct you to sit when it's time for the interview. Wait for his directions before you sit down.

ポイント ② When you want to give a differing opinion, you should first acknowledge the questioner's opinion before giving your own. This will soften what you have to say.

| 目標 | ・採用面接の概要を理解できる
Understanding the Overview of an Employment Interview
・応募動機を詳細に説明できる
Being Able to Explain in Detail Why You Are Applying |

会話の理解 Dialogue Guide

1 A：少し緊張しているようですね。大丈夫ですか。
　　B：はい、大丈夫です。

2 A：まず、今の仕事ですが、大連で日本向けのシステムを開発しているんですね。
　　B：そうです。大連e-コマースシステムズという会社に勤めています。

3 A：開発環境を教えてください。
　　B：主にエクリプスで開発しています。ソースはPHPで書いています。

4 A：日本で働くのなら、Javaも勉強しておいた方がいいですよ。
　　B：はい、がんばります。

5 A：日本に行きたいという希望は、もうご家族に話してありますか。
　　B：はい。話してあります。

6 B：私は大学でプログラミングと日本語を勉強しましたので、これからも日本向けのサービスに関わっていきたいと思います。そのためにも、20代のうちに日本で働くことを経験しておきたいのです。

1 Various suffixes are used to describe appearances, including 「よう」 and 「らしい」, but when the speaker makes a conjecture based on what he actually sees or hears, it is most natural to use 「ようだ」. 「みたい」 is nearly the same, but is colloquial.

2 「～ている」 fundamentally implies that an action is continuing, but it can also be used to refer to actions that are repeated daily, as in 「勤める」 and 「働く」 (to work).

3 The article, 「 で 」, is used to indicate means. It is often used in conjunction with the names of development environments and programming languages.

4 「ほうがいい」 is used for giving advice and is generally used toward social inferiors. When giving advice to social superiors, it is common to propose a question by using 「～するのはどうでしょうか」.

5 「～てある」 indicates that preparation is complete. Only intransitive verbs are used; the agent of the preparations is not specified.

6 「～ておく」 also indicates preparation and is similar to 「～てある」. The difference is that the person who did the preparation is sometimes mentioned. It can also be used in the future tense when preparation is not yet complete, as in the example here.

聞き取り練習　Listening Practice

TRACK 6

※スクリプトはp.109にあります。

CDの内容と合っているものを選択肢から選んで、空欄に書きなさい。

1. ラジュさんは＿＿＿＿＿＿のテストがよくできませんでした。
2. ラジュさんは日本語を＿＿＿＿＿＿で勉強しました。
3. ラジュさんは昔、＿＿＿＿＿＿を研究していました。
4. この会社はその技術を＿＿＿＿＿＿のプロジェクトで使おうとしています。

日本語	技術	一般教養
高校	オンラインスクール	自分
ユビキタスコンピューティング		グリッドコンピューティング
モバイルコンピューティング		ネット銀行
商社の基幹系システム	介護ロボット	

やってみよう！　Give It a Try!

「〜てあります」と「〜ておきます」は、どちらも準備について話すときに使われる表現です。では、以下の文の中で「〜ておきます」を使うのはどれですか。

1. このパソコンは電源が入れて（あります／おきます）。
2. システムは一度ダウンしましたが、すでに回復させて（あります／おきます）。
3. 問い合わせ先のアドレスが応募資料に書いて（あります／おきます）。
4. 明日のテストのために、これから別のマシンを用意して（あります／おきます）。
5. 子どもでも使えるように画面が設計して（あります／おきます）。

語彙 Vocabulary

一般教養	general education	うーん	Um.	エクリプス	Eclipse (software)
お客さま	customer	オンラインスクール	online education	画面	screen
介護ロボット	nursing care robot	回復する	to recover	希望	desire
環境	(PC) environment	基幹系システム	enterprise system	サービス	service
緊張	nervous, anxious	現場	on-site	設計	design
実用化	make practical	Java〔ジャバ〕	Java (computer language)	頼もしい	reliable
準備	preparation	商社	trading company	日系企業	Japanese company
ソース	source	ダウンする	(PC) crashes	プログラミング	programming
電源	power source	20代	20's (age)	役に立つ	be useful
PHP	PHP (software)	筆記試験	written examination		
マシン	machine, computer	昔	long ago		
モバイルコンピューティング	mobile computing				
ユビキタスコンピューティング	ubiquitous computing				

発展語彙 Advanced Vocabulary

ウエアラブルコンピューティング	wearable computing			応用研究	applied research
基礎研究	basic research	現実的	realistic	構築	architecture
実技	actual skill	実現	materialization	商用	for business use
将来	future	制御系システム	control system		
分散コンピューティング	distributed computing				
ユーティリティーコンピューティング	utility computing			有望	prospects
用途	use	量子コンピューティング	quantum computing		

「ファンクションキーの活用」

コードを書こうとしているときに、日本語入力がオンになっているのに気が付かず、「ｐりんｔｆ」なんて打ったことはありませんか？　直すのが面倒ですよね。こんなときに、わざわざ削除してからタイプし直す人がいますが、それでは時間がもったいない！　そこで、皆さんにちょっとした技をご紹介しましょう。それは、間違えて入力してしまった後、キーボードの「F9」キーを押してから「F8」キーを押すこと。「F9」で大文字の英数字（ＰＲＩＮＴＦ）になり、「F8」でそれが半角（printf）になります。そして「Enter」キーで文字変換を確定してから、落ち着いて日本語入力をオフにすればいいでしょう。ファンクションキーにはほかにもいろいろな機能があるので、試してみてください。

Unit 5 ビザの取得
Getting a Visa

Happily, Raj passed both the test and the interview, and now has his appointment notification in hand. He is full of expectation about working in the new environment, but before he can, he must complete administrative procedures.

モデル会話 Dialogue

TRACK 7

田口：はい、お電話替わりました。田口です。

ラジュ：あ、田口さん。ラジュです。

田口：ああ、ラジュさん。ドアックの証明書はもう出ましたか。

ラジュ：ええ。IT省の友達が手配してくれました。

田口：そうですか。それはよかった。じゃあ、渡航手続きは順調に進んでいますね。

ラジュ：それが、一つ問題がありまして……。実は、日本大使館から会社の書類が足りないと言われています。

田口：え、本当？ どんな書類ですか。

ラジュ：法人登記簿①の謄本だそうです。

田口：法人登記簿？ この前の封筒に入っていませんでしたか。

ラジュ：入っていましたが、あれは抄本②でした。大使館では法人登記簿の謄本③が必要なんだそうです。

田口：ああ、そうなんですか。それは困ったなあ。

ラジュ：謄本がないと、ビザが出せないそうです。お手数ですが、送っていただけませんか。

田口：わかりました。急いで送ります。

ラジュ：ありがとうございます。

ポイント① A corporate registry is used as evidence of the existence of a corporation. Issuance of a visa is required for a foreign engineer to come to Japan to work at a company.

ポイント② A「抄本」is an abridged one-paged copy of a document.

ポイント③ A「謄本」is a copy in full of the information contained in a document.

| 目標 | ・渡航手続きの概要を理解できる
Understanding the Overview for Visa Application Procedures for Coming to Japan
・手続き上のトラブルを解決できる
Solving Paperwork Problems |

会話の理解　Dialogue Guide

1　A：ああ、ラジュさん。ドアックの証明書はもう出ましたか。
　　B：ええ。IT省の友達が<u>手配してくれました</u>。

2　A：じゃあ、渡航手続きは順調に進んでいますね。
　　B：それが、一つ問題がありまして……。実は、日本大使館から会社の書類が足りないと<u>言われて</u>います。

3　A：どんな書類ですか。
　　B：法人登記簿の謄本<u>だそう</u>です。

4　A：それは困ったなあ。
　　B：謄本がない<u>と</u>、ビザが出せないそうです。

5　B：お手数ですが、<u>送っていただけませんか</u>。
　　A：わかりました。急いで送ります。

1　「〜てくれる」indicates that someone will do something for the speaker. It resembles 「〜てもらう」. A major difference between the two is that the point of view is of the agent (in this case, a friend) rather than the speaker. (See: Dialogue Guide 4, Unit 2).

2　With the passive voice, when a person is the subject, the nuance is that the action is not simply from the recipient's point of view, but that it is also a nuisance.

3　「そう」appends to the normal form of a verb and expresses hearsay. If appended to the continuous form of the verb, as in「鞄が落ちそうだ」("the bag looks like it is about to fall"), the nuance is that there is a strong possibility of the action occurring.

4　When the conditional「と」is used and what is described in the first clause happens, then whatever follows in the second clause will necessarily happen in every case. As in the example, it is often used for administrative systems, for users' manuals, and for natural phenomena.

5　「〜ていただく」is the humble form of「〜てもらう」, but when it is an interrogative of possibility「〜ていただけませんか」, it becomes a rather polite request.

聞き取り練習　Listening Practice

TRACK 8

※スクリプトは p.109 にあります。

CDの内容と合っているものを選択肢から選んで、空欄に書きなさい。

1. リーさんは今日、＿＿＿＿＿＿に行きました。
2. リーさんの手続きに足りない書類は＿＿＿＿＿＿です。
3. リーさんが受け取った封筒に、＿＿＿＿＿＿は入っていました。
4. 田口さんは＿＿＿＿＿＿をリーさんに知らせます。
5. 田口さんはそれを＿＿＿＿＿＿でリーさんに送ります。

大使館	領事館	図書館
法人登記簿の抄本	法人登記簿の謄本	決算書
領収書	計算書	メールアドレス
URL	パスワード	航空便
EMS	メール	

やってみよう！ Give It a Try!

「〜そう」は初級文法の中でも、使い分けが難しい文法です。では、次の文の中で、ほかの人から聞いたという意味の「〜そう」はどれでしょうか。

1. うちのシステムを入れたら、だいぶ仕事が楽になったそうですよ。
2. これでは時間も人も足りません。どうやら大変なプロジェクトになりそうです。
3. このソフトは使い方が難しすぎて、慣れるまでに時間がかかりそうです。
4. うちのサイトにアクセスが集中しています。もうサーバーがパンクしそうです。

語彙 Vocabulary

IT省 IT Ministry	アクセス access	
EMS EMS (Express Mail Service)	うちの〜 my, our	決算書 statement of accounts
航空便 airmail	サーバー server	集中する to concentrate
順調 smoothly	抄本 abridged copy	証明書 certificate
進む proceed	大使館 embassy	手続き procedures
手配 preparations	謄本 copy in full	渡航 voyage
図書館 library	(〜に)慣れる become accustomed to	
パスワード password	パンクする (PC) crashes	法人 corporation
法人登記簿 corporate registry	メールアドレス e-mail address	URL URL
楽になる become easier	領事館 consulate	領収書 receipt

発展語彙 Advanced Vocabulary

IPアドレス IP (Internet protocol) address	
FTP FTP (File Transfer Protocol)	
キャッシュフロー計算書 cash flow statement	
損益計算書 statement of profits and losses	貸借対照表 balance sheet
ネーム・サーバー・アドレス domain name server address	船便 sea mail

第2章

場面で覚える
プロジェクトチームの一員になろう

Unit 1 自己紹介
Self-Introductions

A new project has begun, and the specifications are in the process of being drawn up when a team member arrives from abroad. The new employee is a little nervous in his brand-new environment. Can he break the ice with his colleagues?

モデル会話 Dialogue

TRACK 9

ラジュ：失礼します。ちょっとよろしいですか①。
新　山：はい、どうぞ。
ラジュ：私、今日からこちらでお世話になりますラジュと申します。よろしくお願いします。
新　山：こちらこそ。わたしはSEの新山です②。
ラジュ：新山さんですね。
新　山：ラジュさんは、どちらからいらっしゃったんですか。
ラジュ：インドのバンガロール市からです。
新　山：システム開発の仕事は長いんですか。
ラジュ：だいたい3年ぐらいです。開発言語は主にPHPを使っています。
新　山：Javaはどうですか。
ラジュ：何とか使えますが、まだ勉強中です。
新　山：UNIXは詳しいですか。
ラジュ：だいたいわかります。データベースはMySQLの場合が多かったですね。
新　山：どんなシステムを作っていたんですか。
ラジュ：勘定系システムなんかを作っていました。
新　山：なるほど。ここではJavaを使うことが多いですから、大変かもしれませんが、がんばってください。わからないことがあったら、何でも聞いてください。
ラジュ：ありがとうございます。よろしくお願いします③。

ポイント① 「〜ちょっとよろしいですか」is an expression used to ask if the listener has time to speak with you.

ポイント② Since employees within the same company do not exchange business cards, although difficult, you should at least try to memorize their names and positions.

ポイント③ 「よろしくお願いします」is used not just for self-introductions, but also at the end of a conversation.

目標
- ほかのメンバーに自己紹介する
  Introducing Yourself to Colleagues
- ほかのメンバーのポストと名前を覚える
  Remembering the Names and Positions of Colleagues

会話の理解　Dialogue Guide

1 A：私、今日からこちらでお世話になりますラジュと申します。よろしくお願いします。
B：こちらこそ。

2 A：わたしはSEの新山です。
B：新山さんですね。

3 A：ラジュさんは、どちらからいらっしゃったんですか。
B：インドのバンガロール市からです。

4 A：Javaはどうですか。
B：何とか使えますが、まだ勉強中です。

5 A：UNIXは詳しいですか。
B：だいたいわかります。

6 B：データベースはMySQLの場合が多かったですね。

7 A：どんなシステムを作っていたんですか。
B：勘定系システムなんかを作っていました。

1 When introducing yourself, the pronoun「わたくし」lends a more formal impression than「わたし」.

2 There are many kinds of Japanese names; some are difficult to understand when you first hear them. If you have never heard a name before, make sure to repeat it after the speaker in order to verify that you heard it correctly. Even when you heard correctly, verify by adding「～さんですね」or［～さんですか］just to be sure you heard it properly.

3「どちら」is the honorific form of「どこ」, while「いらっしゃった」is the honorific of「来た」. Honorifics are often used the first time people meet each other, but people drop the honorifics once they get to know each other if they are the same general age.

4 If you are not very confident but feel you can manage by yourself, you can use the form,［何とか＋可能形］(somehow ... can ...). The expression,「勉強中」(still studying) implies that you have not yet mastered the subject.

5 You should use the expression,「だいたいわかります」for technical skills in which you are confident. In Japan it is common for people to deprecate themselves even when they are confident of their abilities.

6 The pattern,「～は～が～です」, is a difficult one to master. Here it means, "In terms of data bases, I used MySQL a lot."

7「なんか」is the informal form of「など」and means "that is not all."

聞き取り練習　Listening Practice

TRACK 10

※スクリプトは p.109 にあります。

CDの内容と合っているものを選択肢から選んで、空欄に書きなさい。

1. リーさんは_____さんと話しています。
2. リーさんが話している人の役職は_____です。
3. リーさんは_____から来ました。
4. リーさんは_____が使えます。（言語）
5. リーさんがよく知っているOSは_____です。
6. リーさんが使えるデータベースは_____です。
7. リーさんは_____を作ったことがあります。

新山	リー	大沢
プログラマー	上級SE	プロジェクトマネージャー
バンガロール	ハノイ	大連
Java	Perl	C言語
Visual Basic	UNIX	LINUX
Berkeley DB	PostgreSQL	Oracle
製造業向けのCRM	食品会社のオンラインショップ	
デジタルカメラの制御システム		

やってみよう！ Give It a Try !

自分の会社で自己紹介するとき、どんなことを言いますか。
言った方がいいこと(A)、言わなくてもいいこと(B)のどちらかを選んでください。

1. 名前　　　　　　　　　　　　　（A・B）
2. 使えるプログラミング言語　　　（A・B）

3. 使える外国語　　　　　　　　　　（A・B）
4. 開発したことがあるシステムの種類　（A・B）
5. 職位　　　　　　　　　　　　　　（A・B）
6. 住所　　　　　　　　　　　　　　（A・B）
7. よく知っているOS　　　　　　　　（A・B）
8. よく知っているデータベース　　　　（A・B）

語彙 Vocabulary

SE　SE (system engineer)	OS　OS (operating system)
お世話になる　am always grateful to you	
開発言語　programming language for software development	勘定系システム　accounting system
システム開発　system development　上級SE　senior system engineer	職位　position (in company)
食品会社　food company　制御システム　control system	製造業　manufacturing domain
データベース　data base　デジタルカメラ　digital camera	なんか　or something
何とか　somehow	Perl〔パール〕　Perl (computer language)
Visual Basic〔ビジュアルベーシック〕　Visual Basic (development environment)	
プロジェクトマネージャー　project manager	勉強中　still learning
PostgreSQL〔ポストグレエスキューエル／ポスグレ〕　PostgreSQL (object-relational database management system)	
MySQL〔マイエスキューエル〕　MySQL (relational database management system: RDBMS)	
役職　company position	UNIX〔ユニックス〕　UNIX (operating system)
よろしいですか　Excuse me.	LINUX〔リナックス〕　LINUX (operating system)

発展語彙 Advanced Vocabulary

Apache Derby〔アパッチダービー〕　Apache Derby (Java RDBMS)
Windows〔ウィンドウズ〕　Windows (operating system)
SQLite〔エスキューライト〕　SQLite (RDBMS)
MS SQL〔エムエスエスキューエル〕　MS SQL (RDBMS)
LMS〔エルエムエス〕　LMS (learning management system)
航空会社　airline company　　CRM〔シーアールエム〕　CRM (customer-relationship management)
C++〔シープラプラス／シープラプラ〕　C++ (computer language)　職種　type of occupation
Symbian OS〔シンビアンオーエス〕　Symbian OS (open operating system)
.NET〔ドットネット〕　.NET (programming framework and library)
TRON〔トロン〕　TRON (real-time operating system)
BSD〔ビーエスディー〕　BSD (Unix operating system)
予約システム　reservation system

Unit 2 要件定義書の読解
Understanding the Software Requirements Specifications

The self-introductions are over and it's time to start working as a project member. But a thick stack of documents has now been dumped on Li-san. Can she glean the information she needs from it in the time allotted?

モデル会話 Dialogue

TRACK 11

井出：リーさん、今、ちょっといい？
リー：はい、3時の定例会議までは空いています。
井出：では手短に。これは今度のプロジェクトの資料で、要件定義書①と外部設計書②です。
リー：はい。これに目を通しておくんですね。期限はいつですか。
井出：明日です。内部設計書ももうできますから。
リー：明日ですか。すみません、私の日本語力では、かなり厳しいのですが……。
井出：そうですか。じゃあ、三日で③お願いします。
リー：三日ですか。ちょっと心配ですが、がんばります。
井出：リーさんなら大丈夫ですよ。みんなも協力するし。
リー：読んでもわからないところは、どうすればいいでしょうか。
井出：まず、自分で推測してみてください。自信がなかったら本棚に辞書もあります。辞書にない言葉は、大沢さんに聞いてください。大沢さんが席を外しているときは、私に聞いてください。
リー：はい、わかりました。ありがとうございます。
井出：くれぐれも、設計の理解があやふやなまま実装の段階に入らないようにね。じゃあ、大変だけど、よろしく。
リー：はい、がんばります。

ポイント① A [要件定義書] or requirements definition document, is a document that explains requirements specifications for a system before the planning begins. The design is developed based on this document.

ポイント② The [外部設計書](external design document) is also called a [基本設計書](high level design document). The [内部設計書] or internal design document, is based on this.

ポイント③ [三日で] refers to a length of time (three days), and can also be called [三日間]. In contrast, the expression, [三日までに] (by the third) refers to the period before the third of the month (including the day itself). Though they look similar, note that the meaning is entirely different.

目標
- プロジェクト文書を読む指示が理解できる
  Understanding Directions for Reading Project-Related Documents
- 締め切り日を確認できる
  Confirming the Deadline

会話の理解 Dialogue Guide

1 A：これは今度のプロジェクトの資料で、要件定義書と外部設計書です。
B：はい。これに目を通しておくんですね。

2 A：期限はいつですか。
B：明日です。

3 A：明日ですか。すみません、私の日本語力では、かなり厳しいのですが……。
B：そうですか。じゃあ、三日でお願いします。

4 A：三日ですか。ちょっと心配ですが、がんばります。
B：リーさんなら大丈夫ですよ。

5 A：読んでもわからないところは、どうすればいいでしょうか。
B：まず、自分で推測してみてください。

6 A：辞書にない言葉は、大沢さんに聞いてください。大沢さんが席を外しているときは、私に聞いてください。
B：はい、わかりました。ありがとうございます。

1「目を通す」means to skim a document. If the verbal suffix,「〜ておく」, is appended, the nuance is that you are preparing for a task you are about to perform, making it a natural-sounding expression.

2 If you are asked to do work or are given a directive to do something, always verify the deadline.

3 Rather than clearly turning down the work by saying you can't read Japanese (読めません), it would be easier to have your listener understand your situation by giving the reasons for your hesitation, such as your current workload, or your Japanese proficiency level. Japanese are particularly offended by an outright rejection; be sure to avoid doing this.

4 When you're not sure if you can do the work, it would be more honest not to readily agree to undertake it. In such cases, if you add the phrase that you will do your best (がんばります), it tells your listener that you don't know if you can finish the work by the deadline, but that you will do your utmost to complete it as requested.

5 This is somewhat more polite than「〜ばいいですか」. It's a good idea to use more polite expressions than usual—as in this example—when you are asking others to compensate for your deficiencies.

6 When working, you should ask others only about matters that you can't check by yourself. After doing everything you can, the next order of priority for solving a problem should be to ask your closest colleagues for help before going to your busy superior for assistance.

聞き取り練習　Listening Practice

TRACK 12

※スクリプトは p.110 にあります。

CDの内容と合っているものを選択肢から選んで、空欄に書きなさい。

1. ラジュさんは＿＿＿＿を読みます。
2. 期限は＿＿＿＿＿＿です。
3. わからないことがあったら、まず＿＿＿＿。
4. それでもわからないことは＿＿＿＿。

要件定義書	外部設計書	内部設計書
今日中	今週中	あさってまで
大沢さんに聞きます	リーさんに聞きます	辞書を見ます
インターネットで調べます	社内SNSで調べます	無視します

やってみよう！　Give It a Try!

あなたはプロジェクトの設計書を読んでいて、わからない言葉を見つけました。大切な言葉らしく、どうしても正しい意味を知らなければなりません。次の四つの方法の中で、最初にすることはどれですか。

1. プロジェクトマネージャーに質問します。
2. 社内SNSで質問します。
3. IT用語のウェブページにアクセスします。
4. 隣の席の人に質問します。

ヒント：解決方法の優先順位を考えましょう。

語彙 Vocabulary

あやふや	vague			ＳＮＳ〔エスエヌエス〕	SNS (social networking service)
解決方法	solution				
外部設計書	external design document			かなり	quite, rather
期限	deadline	厳しい	difficult	くれぐれも	be sure to
辞書	dictionary	自信	confidence		
実装	implementation, installation	推測	guess, estimate	スケジュール	schedule
～すればいい	should do	席を外す	be away from one's desk		
(～の)段階に入る	enter a stage, phase			できる（完成）	complete
どうしても	just can't help	隣	next to		
内部設計書	internal design document				
日本語力	Japanese proficiency	本棚	bookshelf	無視する	to ignore
目を通す	skim	優先順位	order of priority		
要件定義書	software requirements specification				

発展語彙 Advanced Vocabulary

社則	company regulations	週明け	first thing Monday	進捗表	progress report
テスト仕様書	test specifications	内規	rules, bylaws		

Unit 3 内容確認
Verifying Content

Li-san was told to use a dictionary to look up words she didn't know, but since she can't read the kanji, she can't look them up. She decides to ask her colleague, Niiyama-san, for help.

モデル会話 Dialogue

TRACK 13

リー：新山さん、今ちょっとよろしいでしょうか。実は外部設計書①で、わからないところがあるんですが……。

新山：あ、はい。要件定義書はもう読みましたか。

リー：はい、読みました。

新山：わからないところはどこですか。

リー：この言葉です。この漢字は何と読みますか。

新山：「にゅうしゅつりょく」と読みます。

リー：え、「にゅうしゅつりょく」って何ですか。

新山：ちょっと見せて。ああ、「入出力インターフェース」ですね。これは、ほかのシステムと情報をやりとりするときの規格のことです。

リー：うーん……。

新山：たとえば、ほら、API②とか。

リー：なるほど！　インプットとアウトプットのインターフェースということですね。

新山：そうです。

リー：それから、この漢字は何と読みますか。

新山：「上書き」と読みます。オーバーライトのことですね。

リー：なるほど。ありがとうございました。よくわかりました。

新山：また何かあったら、何でも遠慮なく聞いてください③。

リー：はい、よろしくお願いします。

ポイント ① Since various system standards are specified in the external design document, it contains more technical terminology than the software requirements specification.

ポイント ② Abbreviation of "Application Program Interface."

ポイント ③ Even if your colleague is kind enough to offer such unconditional help, it is still common sense at the workplace to check everything you can by yourself before asking others.

目標
- 漢字の読み方を同僚に質問できる
  Asking Colleagues How to Read Kanji
- 自分の言葉で言い換えて、初めて聞いた言葉の意味を確認できる
  Verifying the Meaning of a Word by Rephrasing

会話の理解 Dialogue Guide

1 A：実は外部設計書で、わからないところがあるんですが……。

2 A：要件定義書はもう読みましたか。
B：はい、読みました。

3 A：わからないところはどこですか。
B：この言葉です。

4 A：この漢字は何と読みますか。
B：「にゅうしゅつりょく」と読みます。
A：え、「にゅうしゅつりょく」って何ですか。

5 A：これは、ほかのシステムと情報をやりとりするときの規格のことです。
B：うーん……。

6 A：たとえば、ほら、APIとか。
B：なるほど！

7 A：インプットとアウトプットのインターフェースということですね。
B：そうです。

1 When the speaker doesn't complete the question, a feeling of reserve is implied. The word, ところ, here does not mean "place"; it means "section."

2 He is asking whether Li-san has read the requirements specifications (literally, "upstream process," a term derived from the waterfall sequential software development model). This is a basic question designed to identify the cause of a problem in the same way that a PC support center would ask : "Is the power plugged in?"

3 「どこ」is a particle that asks "place," but here it is asking for a "section."

4 The interjection, 「え（？）」, is often used when the listener can't discern what the speaker has said. The verbal suffix, 「って」is an abbreviation of 「というのは」(what do you mean by that?) and is used in conversation.

5 Avoid using direct expressions such as 「わかりません」(I don't understand) when you do not fully comprehend what is being said. You can convey that you aren't persuaded or haven't yet understood by using the more vague 「うーん」.

6 「ほら」is an expression that urges the listener to watch out. It is used when the speaker wants the listener to look at something, but is also used when trying to get the listener to remember something, as is the case here.

7 「～ということですね」is a convenient expression that the listener can use to convey what he thinks the speaker has said by paraphrasing, using examples he knows.

聞き取り練習　Listening Practice

TRACK 14

※スクリプトは p.110 にあります。

CDの内容と合っているものを選択肢から選んで、空欄に書きなさい。

1. ラジュさんは＿＿＿＿＿＿を読んでいます。
2. ラジュさんは＿＿＿＿＿＿という言葉について質問しました。
3. それは英語で言うと＿＿＿＿＿＿です。
4. その反対は、日本語で＿＿＿＿＿＿です。

要件仕様書	外部設計書	外部仕様書
親クラス	子クラス	スーパークラス
サブクラス	ルートクラス	基本クラス
ベースクラス	抽象クラス	実装クラス

やってみよう！　Give It a Try!

UNIT 3では英語で言い換えて確認する例を紹介しましたが、言い換えはほかにもいろいろな種類があります。たとえば、反対の言葉を使うのも便利です。では、次の1～4の中で、反対の言葉を使って確認をしているのはどれでしょうか。

1. 「出力インターフェース？　つまり、入力ではない方のインターフェースということですね？」
2. 「要件定義書？　つまり、外部設計書を書く前の文書ということですね？」
3. 「ルートクラス？　つまり、親クラスがないクラスということですね？」
4. 「実体？　つまり、ER図に出てくるエンティティということですね？」

語彙 Vocabulary

アウトプット　output	ER図　Entity-relationship diagram	言い換える　to paraphrase
インターフェース　interface	インプット　input	上書き　overwrite
API　API (Application Program Interface)		エンティティ　entity
遠慮なく　don't hesitate	オーバーライト　overwrite	親クラス　super class
外部仕様書　user-interface requirements specifications		基本クラス　base class
クラス　class	継承　inherit	子クラス　subclass
サブクラス（子クラスと同じ）　subclass		
実装クラス　implementation class	実体（エンティティと同じ）　entity	実は　actually
スーパークラス（親クラスと同じ）　super class		抽象クラス　abstract class
ところ　section (as in "section not understood")		
内部仕様書　internal specifications document		入出力　input/output
入力　entry	反対の　opposite	ベースクラス　base class
ほら　You know.	やりとり　exchange	
要件仕様書　requirements specifications		ルートクラス　root class

発展語彙 Advanced Vocabulary

インスタンス　instance	規格　standards

「音声読み上げ機能（TTS）」

仕事できたメールの内容を、口頭でほかの人に伝えなければならないときってありますよね。でも、その漢字の読み方がわからなくて、調べているうちにまた新しいメールがきて……と困ったことはありませんか？　そんなときは「TTS (Text to Speech)」というテキストの読み上げ機能を使ってみましょう。「読み上げ」などのキーワードでネット検索してみると、スマホ用のアプリやChrome のための拡張機能など、いろいろなものが見つかります。Google 翻訳の入力欄にペーストしてもスピーカーのアイコンをクリックすれば読み上げてもらうことができますよ。

Unit 4 担当業務の通知
Notification of Your Work Assignment

Raj has finished reading both the software requirements specifications and the user-interface requirements document. System implementation will start before he knows it. Let's see what part of the project he will be assigned.

モデル会話 Dialogue

TRACK 15

大沢：ラジュさん、仕事の内容は、もう聞いていますか。

ラジュ：はい、だいたいは。

大沢：要件定義書と基本設計書はもう読んでいますね。

ラジュ：はい。

大沢：では、予定どおり仕入管理モジュール① の発注データを担当してもらうことになります。

ラジュ：はい。えーっと、発注データは四つの機能がありますが、これを全部やるんですね。

大沢：そうです。仕入管理の開発は、やったことがありますか。

ラジュ：はい、あります。詳細設計書はもうできていますか。

大沢：はい、できています。これです。

ラジュ：拝見します②。どれから始めてもいいのですか。

大沢：どれから始めてもいいですが、発注伝票出力だけ締め切りが早いですから、遅れないようにしてください。

ラジュ：発注伝票出力ですね。では、この機能から始めます。

大沢：じゃあ、発注伝票出力だけでも終わったら報告してください。

ラジュ：わかりました。ほかの機能ができていなくても、ご報告するんですね。③

大沢：そのとおりです。よろしくお願いします。

（発注伝票出力）

ポイント ① 「仕入れ管理」(Purchase order management) usually consists of such management areas as「見積もり依頼」(estimate requests),「入荷データ」(delivery data),「支払いデータ」(payment data), and 「発注データ」(ordering data), besides 「請求書登録」(invoice registration).

ポイント ② 「拝見します」 is the humble form of 「見ます」 and 「読みます」. Even if you do not read the paperwork right away, you will sometimes need to say this when being entrusted with documentation.

ポイント ③ It is fundamental that you should repeat the directive given you, but as in this example, if you confirm in your own words what you have heard, the margin of error will decrease more dramatically.

目標
- 自分が担当する範囲を指示されて理解できる
  Understanding the Scope of What Is Being Assigned
- 仕事を進める順番を確認できる
  Understanding the Workflow

会話の理解　Dialogue Guide

1 A：では、予定どおり仕入管理モジュールの発注データを担当してもらうことになります。
B：はい。

2 A：発注データは四つの機能がありますが、これを全部やるんですね。
B：そうです。

3 A：仕入管理の開発は、やったことがありますか。
B：はい、あります。

4 A：詳細設計書はもうできていますか。
B：はい、できています。これです。

5 A：発注伝票出力だけ締め切りが早いですから、遅れないようにしてください。
B：発注伝票出力ですね。

6 A：発注伝票出力だけでも終わったら報告してください。
B：わかりました。ほかの機能ができていなくても、ご報告するんですね。

1 「〜してもらいます」 is an expression used for giving directives and sounds gentler than 「〜してください」. In this case, 「〜ことになります」is appended to 「してもらう」, implying that Osawa-san did not make the decision by himself; this renders the sentence even more polite. If the sentence ended with 「〜ことにします」, the implication would be that Osawa-san made the decision himself.

2 The phrase that is quite commonly used for verification is 「〜ですね」. This copula implies that the speaker is asking a question to make sure that he understands the meaning of what he has just heard.

3 「〜たことがある」 is used to ask if a person has had a particular experience. In this case, it refers to work experience.

4 The low level design document should be referred to first when actually writing code. It is also sometimes called an internal specifications document.

5 Compared with 「〜にしてください」, 「〜ようにしてください」 is softer and means "please strive toward that goal," "please take note of that goal," etc.

6 Like 「〜が終わっていなくても」, the pattern of switching between negative and positive assertions is common.

聞き取り練習　Listening Practice

TRACK 16

※スクリプトは p.111 にあります。

CDの内容と合っているものを選択肢から選んで、空欄に書きなさい。

1. リーさんは＿＿＿＿＿＿モジュールを担当します。
2. リーさんの担当は、そのモジュールの中の＿＿＿＿＿＿です。
3. リーさんは同じ機能のモジュールを開発したことが＿＿＿＿＿＿。
4. リーさんは＿＿＿＿＿＿以外から開発を始めます。
5. 締め切りは＿＿＿＿＿＿です。

商品管理　　　　　　　販売管理　　　　　　　顧客管理
取引履歴　　　　　　　マスター更新機能　　　顧客検索
帳票出力　　　　　　　今週中　　　　　　　　今月中
来月中　　　　　　　　あります　　　　　　　ありません

やってみよう！　Give It a Try!

あなたはプログラマーです。プロジェクトマネージャーから実装の担当部分を指示されました。次の1～4の中で、<u>確認しなくてもいい</u>ことはどれですか。

1. 詳細設計書があるかどうか
2. 締め切り
3. 予算
4. 作業が複数ある場合、その順番

ヒント：プログラマーはプログラムを書くのが仕事で、お金に関する権限はないのが一般的です。

語彙 Vocabulary

～以外	other than, besides	一般的	general	管理	management
機能	function	権限	authority, competence	検索	search
更新	renewal	顧客	customer	作業	operations, work
仕入	purchasing	指示する	to instruct, indicate	締め切り	deadline
出力	output	順番	sequence		
詳細設計書	low level design document			商品	product
そのとおり	that's right	帳票	report	データ	data
伝票	invoice, notice	取引	transaction	発注	ordering
販売	sale	複数	multiple	報告	report
モジュール	module	予算	budget	履歴	history

発展語彙 Advanced Vocabulary

依頼	request	会計	accounts		
経理	accounting	在庫	inventory		
実績	actual achievement	支払	payment	従業員	employee
受注	receive an order	請求	bill	請求書	invoice
接続	connection	店舗	shop, store, retail	登録	registration
入荷	delivery of goods	分析	analysis	見積	estimate

Unit 5 詳細設計書を書く
Writing Low Level Design Documents

Raj, who has jumped right into coding, seems to have had to start from writing low level design documents for several sections. Can he manage it?

モデル会話 Dialogue

TRACK 17

ラジュ：新山さん、ちょっといいですか。
新　山：はい、どうぞ。
ラジュ：実は、詳細設計書①を書いたんですが……。
新　山：はい。
ラジュ：どうも日本語に自信がないんです。
新　山：辞書は引いたんですか。
ラジュ：もちろん引きました。
新　山：そうですか。じゃあ、私が見てみましょうか。
ラジュ：いいですか？　助かります②。
新　山：えーっと、この「店」っていうのは、なんか変ですね。こういうときは「店舗」と書くことが多いですよ。
ラジュ：そうですか。
新　山：基本設計書では、どうなっていましたっけ③。
ラジュ：あ、まだ確認していません。
新　山：え、まだなんですか。じゃあ、まず基本設計書を確認した方がいいですね。
ラジュ：そうですね。うっかりしていました。
新　山：確認して、まだ心配だったら声をかけてください。また見てあげますから。
ラジュ：ありがとうございます。よろしくお願いします。

ポイント① In most cases, low level design documents are not seen by customers. There are a lot of charts and schemas as well as words, meaning that foreign engineers also have opportunities to draw them up.

ポイント②「助かる」is the intransitive of「助ける」(to help), but here it is used as an expression of gratitude similar to "thank you."

ポイント③「〜っけ」is a verbal suffix used to verify information that you have seen once but don't clearly remember. Here it is used to check how the word「店」(store) was written in the high level design documents.

目標	・自分で書いた文書をチェックしてもらえる Having What You've Written Checked ・間違いの指摘を理解することができる Understanding Your Mistakes When They Are Pointed Out to You

会話の理解　Dialogue Guide

1　A：実は、詳細設計書を書いたんですが……。
　　B：はい。
　　A：どうも日本語に自信がないんです。

2　A：辞書は引いたんですか。
　　B：もちろん引きました。

3　A：そうですか。じゃあ、私が見てみましょうか。
　　B：いいですか？　助かります。

4　A：基本設計書では、どうなっていましたっけ。
　　B：あ、まだ確認していません。

5　A：まず基本設計書を確認した方がいいですね。
　　B：そうですね。うっかりしていました。

6　A：確認して、まだ心配だったら声をかけてください。また見てあげますから。
　　B：ありがとうございます。よろしくお願いします。

1　Before making a request, you must convey the situation to the listener. A pattern commonly used to broach a request is「実は〜んです」.

2　Before making your request, if you convey to your listener that you have already done your best, it will probably make it easier for you to elicit your listener's help.

3　If you convey to your listener that you are having trouble and need his support, communication will often proceed more smoothly than if you directly ask,「これをしてくれませんか」(Won't you do this for me?).

4　Niiyama-san is verifying what was in the detailed requirements specifications.

5　「うっかりしていました」is used to acknowledge a minor mistake on the part of the speaker. If you make a big mistake, it's best to apologize by using expressions such as「すみません」(I'm sorry) or「申し訳ありません」(I'm terribly sorry.).

6　The case particle, から, coming at the end of a sentence suggests a request, warning, or consolation toward the listener. Here it includes the meaning, "so please don't worry," or "so please don't hesitate to ask for help."

聞き取り練習　Listening Practice

TRACK 18

※スクリプトは p.111 にあります。

CDの内容と合っているものを選択肢から選んで、空欄に書きなさい。

1. リーさんは＿＿＿＿＿＿を書いています。
2. リーさんは質問する前に＿＿＿＿＿＿で調べました。
3. リーさんはまだ＿＿＿＿＿＿を確認していません。
4. 大沢さんは＿＿＿＿＿＿また見てくれます。

テスト仕様書	入力画面設計書	外部設計書
内部設計書	基本設計書	ユーザーマニュアル
管理者マニュアル	取扱説明書	国語辞典
和英辞典	英和辞典	オンライン辞書
昼休みに	ミーティングの後で	出張から帰ったら

やってみよう！ Give It a Try !

① 手助けが必要なとき、同僚や上司に頼むのと、自分の部下に頼むのでは表現や切り出し方も違います。さて、p.50 のラジュさんのように間接的に頼んでいるのは、次のうちどれですか。

A) 困っている状況を伝えて、助けてくれるのを待つ。
B) やってほしいことを、はっきり言葉に出してお願いする。

② 仕事がうまく進まないとき、同僚の手助けが必要になることもあります。そんなとき、お礼の言葉として問題があるのは、次のうちどれでしょうか。

A) 助かります。
B) すみません。
C) ありがとうございます。
D) いいですね！

語彙 Vocabulary

一応 for the time being	英和辞典 English-Japanese dictionary	
お礼 thanks, appreciation	確認 verification	間接的に indirectly
管理者 supervisor	切り出し方 method of broaching (a subject)	
声をかける let ～know	国語辞典 Japanese-Japanese dictionary	
出張 business trip	状況 situation	心配 worry
助かる a great help	～っけ what was ...?	手助け assistance
どうも just don't, apparently	同僚 colleague	取扱説明書 users' manual
念のため just in case	はっきり clear, exact	
発注者 person who places an order		
(辞書を)引く look up (in a dictionary)		昼休み lunch break
変 strange	マニュアル manual	ミーティング meeting
ユーザー user	和英辞典 Japanese-English dictionary	

発展語彙 Advanced Vocabulary

ウィキペディア Wikipedia	解決 resolution	工程 process, task
障害 obstruction, error	チェック check	

Unit 6 仕様変更
Change Requests

Coding has finally begun in this project. But a problem seems to have arisen in the specification definition stage, causing no end of trouble. How will the team overcome this predicament?

モデル会話 Dialogue

TRACK 19

井出：ラジュさん、ちょっといい？
ラジュ：はい。
井出：実は、また仕様が変更になりました。①
ラジュ：え、またですか。どんな変更ですか。
井出：従業員マスターの主キーのデータ桁数を一つ増やすんだそうです。
ラジュ：つまり、9桁にするということですね。でも、それでは従業員マスターを参照するすべてのモジュールに影響が出ますね。
井出：そうですね。
ラジュ：単体テストだって、もうほとんど終わっていますし……。
井出：気持ちはわかります。
ラジュ：納期②は延びるのでしょうか。
井出：いや、契約どおりです。③
ラジュ：それはちょっと……。今だって毎日残業ですし……。
井出：大変なのはわかります。でも、やるしかないんです。人員は増やしますから、がんばってください。
ラジュ：わかりました……。

ポイント ① In the waterfall model of software development, if all goes well in the software requirements specifications stage, there should be no cause for revision. But things don't always go according to plan.

ポイント ② The 「納期」 is the delivery date by which the system must be finished. If the expression, 「納期が早い」, is used it means that the system must be completed in a short time, meaning everyone involved is busy.

ポイント ③ When the workload increases because of a revision in the specifications, make sure to ask about the delivery date. It is only natural that the delivery date should be postponed if the workload increases, but there are times when this is not possible because of the customer's schedule.

目標
- 仕様変更について情報を得ることができる
  Obtaining Information on Change Request
- 適切に不満を表明することができる
  Expressing Dissatisfaction Appropriately

会話の理解 Dialogue Guide

1 A：実は、また仕様が変更になりました。
　　B：え、またですか。

2 B：どんな変更ですか。
　　A：従業員マスターの主キーのデータ桁数を１つ増やすんだそうです。

3 A：従業員マスターの主キーのデータ桁数を１つ増やすんだそうです。
　　B：つまり、9桁にするということですね。

4 B：でも、それでは従業員マスターを参照するすべてのモジュールに影響が出ますね。
　　A：そうですね。

5 B：単体テストだって、もうほとんど終わっていますし……。
　　A：気持ちはわかります。

6 B：納期は延びるのでしょうか。
　　A：いや、契約どおりです。

1 Similar expressions include, "more functions will be added," or "there was a request for conversion."

2 It would be ideal if the points to be revised were put into writing, but when the delivery date is pressing or when the change is minor, there are occasions like this when the request is only conveyed orally.

3 When the figures are to be changed, it is effective if you verify the digits after they have been increased. Similarly, if you are told that 15 items have been doubled, you should confirm with, "you mean 30, right?". In other words, convert multiples into actual numbers.

4 Here there is concern it will become impossible to search from other modules that refer to the employee master file.

5 「～し」is followed by a clause that is expected to express dissatisfaction. The sentence is left incomplete as an indirect way of expressing unhappiness with the situation.

6 「いや」means「いいえ」. It is usually used by men; for women, the word,「いえ」, is more polite.

7 If you simply express your unhappiness, you could be misinterpreted as being unwilling to cooperate. It is important to explain yourself to your listener in fairly concrete terms in such cases, telling him that you've had to do overtime every day, or that you had to stay overnight again at the company yesterday, etc.

7 B：それはちょっと……。今だって毎日残業ですし……。
A：大変なのはわかります。

8 A：人員は増やしますから、がんばってください。
B：わかりました……。

8 Here, Raj has been successful in winning a compromise for more help from Ide-san rather than receiving an extension on the deadline so he expresses his concord with 「わかりました」. Even if you feel somewhat dissatisfied with a solution, if you push your point too hard, the negotiations will break down. Sometimes you might even lose the initial concession so it is best to relent at an appropriate juncture.

聞き取り練習　Listening Practice

TRACK 20

※スクリプトは p.112 にあります。

CDの内容と合っているものを選択肢から選んで、空欄に書きなさい。

1. リーさんは＿＿＿＿＿を変更します。
2. その部分を＿＿＿＿＿にします。
3. そのように変更すると、＿＿＿＿＿に影響が出ます。
4. リーさんは＿＿＿＿＿まで作っていました。
5. テストの日程は＿＿＿＿＿だけ延びます。

設定画面	店舗番号のデータ型	数値型
テキスト型	金額のデータ型	倍精度実数型
テストの仕様	画面レイアウト	基本設計書
テストデータ	設計書	1日
1週間	1カ月	

やってみよう！ *Give It a Try!*

不満を伝えるのは、ちょっと間違えると人間関係を壊してしまうため、とても難しいものです。では、仕様が変更になったとき、良い人間関係を維持したまま上司に上手に不満を伝えるには、どんな一言を付け加えればいいでしょうか。

1. こんな会社、もう辞めます。
2. 今でも寝る時間がほとんどないんです。
3. 残業代をもっと高くしてくれたらやります。
4. これ、労働法に違反していませんか。

語彙 Vocabulary

維持する to maintain	違反する to violate	
(〜に)影響が出る to impact, influence		画面レイアウト screen layout
金額 monetary amount	壊す break	残業 overtime
残業代 overtime pay	実数 real number	主キー main key
仕様 specifications	人員 staff	数値型 numeric data type
設定画面 set-up menu	単体テスト unit test	付け加える to add to
データ型 data type	テキスト型 text type, text format	テストデータ test data
人間関係 interpersonal relations	納期 delivery date	
倍精度実数型 double precision real number		不満 displeasure
労働法 labour law		

発展語彙 Advanced Vocabulary

運用テスト operation test	困る be put out	システムテスト system test
従業員管理 personal management	単精度実数型 single precision real number	
追加 addition	適用 application	ファイル file

Unit 7 単体テスト終了報告
Reporting Completion of a Unit Test

Having overcome repeated difficulties, the project seems temporarily to have settled down a bit. Li-san has also completed her first module and is reporting to Osawa-san, but she isn't quite clear about the procedure for submitting source code.

モデル会話 Dialogue

TRACK 21

リー：大沢さん、すみません。

大沢：はい。

リー：売上データ処理のモジュールなんですが、単体テストのチェック、すべて終わりました。

大沢：ああ、そうですか。お疲れさまでした。予定どおりでしたね。

リー：ええ、何とか。

大沢：じゃあ、結合テスト担当の新山さんに連絡しますから、ソースコードはクリアケースにコミット①しておいてください。

リー：え、クリアケースって、何ですか。

大沢：うちで使っているバージョン管理システム②です。

リー：あ、CVSとかサブバージョンみたいなシステムですね。

大沢：そうです。使い方は新山さんに聞いてください。

リー：はい、わかりました。次はどのモジュールを作りますか。

大沢：まず、分析統計処理モジュールを先に作っておいてください。このモジュールに売上帳票出力処理モジュールが依存③していますので。

リー：わかりました。では、その順番で作ります。

大沢：よろしく。

(クリアケース？)

ポイント ① When testing of each module is complete, the next stage in the waterfall model of software development is the combination test that integrates the modules.

ポイント ② The Version Control System is used by several programmers when developing a system. Concurrent access problems are averted by locking files so that only one developer at a time has write access to the central repository copies of the files.

ポイント ③ "Dependency" refers to the condition in which a module cannot function as a solitary unit, but depends on other modules.

目標
- 担当したモジュールの完成を報告できる
  Reporting Completion of a Module Assigned to You
- ソースの管理に関する指示を理解できる
  Understanding Directions for Managing Source Code

会話の理解 Dialogue Guide

1 A：売上データ処理のモジュールなんですが、単体テストのチェック、すべて終わりました。
B：ああ、そうですか。お疲れさまでした。

2 B：予定どおりでしたね。
A：ええ、何とか。
B：じゃあ、結合テスト担当の新山さんに連絡しますから、ソースコードはクリアケースにコミットしておいてください。

3 A：え、クリアケースって、何ですか。
B：うちで使っているバージョン管理システムです。

4 B：うちで使っているバージョン管理システムです。
A：あ、CVSとかサブバージョンみたいなシステムですね。

5 A：はい、わかりました。次はどのモジュールを作りますか。
B：まず、分析統計処理モジュールを先に作っておいてください。このモジュールに売上帳票出力処理モジュールが依存していますので。

1 Even when you have completed your task, your job is not finished. Even in an environment in which it is known that the project management system has been completed, you must still report completion of the project orally to your superior if he is nearby.

2 "Commit" refers to submitting the latest changes of source code to a repository in a version control system. This is also called "check in"; the opposite is checkout, when other users do an update or checkout from the repository. Once a developer checks out from a file, no one else is allowed to change it. This is called "file locking." When the developer checks in and others can again access the file, the process is sometimes called "unlocking."

3 When you want to ask the question politely, you should probably say, "Could you tell me what ClearCase is?"

4 You can rephrase a name that you are unfamiliar with by giving an example of one with which you are familiar. For example, if you hear, "Hidemaru is a text editor," you can rephrase by saying, "Oh, that's probably like MemoPad in Windows."

5 The concept of *b* being dependent on *a* could be rephrased by saying that without *a*, *b* will not work.

聞き取り練習　Listening Practice

TRACK 22

※スクリプトはp.112にあります。

CDの内容と合っているものを選択肢から選んで、空欄に書きなさい。

1. ラジュさんは＿＿＿＿＿＿のモジュールを担当していました。
2. ラジュさんは予定より＿＿＿＿＿＿単体テストが終わりました。
3. ラジュさんのプロジェクトでは＿＿＿＿＿＿というバージョン管理システムを使っています。
4. ラジュさんは次に＿＿＿＿＿＿モジュールを作ります。

発注データ処理　　　　勘定コード表　　　　損益計算書作成
販売見積　　　　　　　受注データ処理　　　出荷／納入
返品データ処理　　　　1日早く　　　　　　1日遅く
クリアケース　　　　　サブバージョン　　　ビットキーパー

やってみよう！ Give It a Try!

わからない言葉があるときに、別の言葉で言い換えてみることは、仕事のミスをなくす上でとても重要です。この UNIT では、「～みたいな」を使って同じ種類のものの名前で言い換える勉強をしました。では、次の会話に続く言い換えとして、<u>正しくないもの</u>はどれでしょうか。

A：え、「グー」って何ですか？
B：検索エンジンです。
A：ああ、＿＿＿＿＿＿みたいなものですね。

1. グーグル　　　　2. アマゾン
3. ヤフー　　　　　4. インフォシーク

語彙 Vocabulary

アマゾン	Amazon (Amazon.com electronic commerce company)
(〜に)依存する	depend on
インフォシーク	Infoseek (search engine)
売上	sales
お疲れさまでした	Thanks for all of your hard work!
グーグル	Google (search engine)
クリアケース（ソフト名）	ClearCase (IBM Rational ClearCase software tool for change management)
結合テスト	combination test
コミット	commit
作成	creating, composition
サブバージョン（ソフト名）	Subversion (version control system by Collabnet)
重要	important
出荷	shipment
処理	processing
ソースコード	source code
損益	profit and loss
統計	statistics
納入	delivery of goods
バージョン	version
バージョン管理システム	version control system
ビットキーパー（ソフト名）	BitKeeper (software tool for distributed change management)
編集	editing
返品	returned item
ミス	mistake, error
ヤフー	Yahoo (search engine)
予定どおり	on schedule

発展語彙 Advanced Vocabulary

アクセサリ	accessory
CVS（ソフト名）	CVS (Concurrent Versions System)
スターチーム（ソフト名）	Star Team (change management software system)
体系	system
貸借	debit and credit
対照	reference

Unit 8 進捗状況の報告
Progress Report Confirmation

It looks like the end of the implementation phase for this project is finally in sight. Li-san seems to have completed two modules herself, but there is something that is still bothering her.

モデル会話 Dialogue

TRACK 23

大沢：リーさん、進捗状況はどうですか。
リー：えーっと、担当モジュール四つのうち①、半分は終わっています。
大沢：そうでしたね。三つ目のモジュールはどうですか。
リー：全体のコーディングは終わったんですが、単体テストはまだまだです。
大沢：試験項目は、どのぐらい終わりましたか。
リー：だいたい3割ぐらいです。
大沢：じゃ、実装段階は予定どおりに終われそうですね。
リー：そうですねえ。今のところ大きなバグも出ていないので、何とか間に合うと思います。
大沢：いいですね。その調子でがんばってください。何か困っていることはありますか。
リー：実はエクリプス②に新しいプラグイン③を入れたら、ときどき落ちるようになってしまいました。こういう状況が続くようでしたら、外してみます。
大沢：そうですか。もし、スケジュールに影響しそうだと思ったら、遅れが出る前に教えてくださいね。
リー：わかりました。

ポイント ① If there are only a few people working on a project, a lone engineer may be responsible for several modules.

ポイント ② Eclipse is a software platform that uses open source in an integrated development environment (IDE). Developers who use Java often use it.

ポイント ③ With Eclipse, developers can use components called "plugins" that interact with a host application to add new functions to the program.

目標
- 進捗状況を聞かれて説明できる
  Explaining the Status of Progress When Asked
- 困っていることについて説明できる
  Explaining Problematic Issues

会話の理解 Dialogue Guide

1 A：進捗状況はどうですか。
　　B：えーっと、担当モジュール四つのうち、半分は終わっています。

2 A：三つ目のモジュールはどうですか。
　　B：全体のコーディングは終わったんですが、単体テストはまだまだです。

3 A：試験項目は、どのぐらい終わりましたか。
　　B：だいたい3割ぐらいです。

4 A：じゃ、実装段階は予定どおりに終われそうですね。
　　B：そうですねえ。今のところ大きなバグも出ていないので、何とか間に合うと思います。

5 A：いいですね。その調子でがんばってください。

6 A：何か困っていることはありますか。
　　B：実はエクリプスに新しいプラグインを入れたら、ときどき落ちるようになってしまいました。こういう状況が続くようでしたら、外してみます。

1 The term, 「進捗」, refers to the progress of the work, and 「進捗状況」 refers to the status of the progress. The term, 「進捗度」, refers to a rough report on the amount of work already completed.

2 The expression, 「そうでしたね」 is used when something the speaker has said reminds you of information seen or heard in the past. If you are hearing the information for the first time, use 「そうですか」.

3 A 「割」 is 10 percent so 「3割」 is 30 percent. In a progress report, don't use subjective words such as 「少し」 (a little), 「だいたい」 (somewhat), and 「ほとんど」 (mostly), but use more objective ones, such as 「割」 or percent.

4 Implementation 「実装」 is the phase when programmers are actually writing code to build the system. This phase comes after planning and before testing. Words such as 「何とか」(somehow) are often used with 「間に合う」(make it on time), as well as potential verb forms such as 「終われる」(be able to finish), implying that the project is possible to finish, but it will not be easy. Further, this 「そうですねえ」 does not mean "yes, that's right," but as with the ambiguous interjection, 「えーと」, is used when thinking about how to respond.

5 The expression, 「その調子で」, means keep up this great pace. It would be best to respond with, "all right, thank you," although I have omitted this response from the text here.

6 A system crashes (「落ちる」) when the system goes down against the user's will or there is an ABEND in the application. Conversely, the transitive verb, 「落とす」, is used when describing a shutdown of the system or turning off of the system's power, actions that are performed intentionally by the user.

聞き取り練習　Listening Practice

TRACK 24

※スクリプトはp.112にあります。

CDの内容と合っているものを選択肢から選んで、空欄に書きなさい。

1. ラジュさんがいま開発しているモジュールは、＿＿＿＿＿＿ぐらい試験項目が終わりました。

2. ラジュさんが担当しているモジュールは、あと＿＿つあります。

3. ラジュさんは予定より＿＿＿＿＿＿実装段階が終わりそうです。

4. ラジュさんのプロジェクトでは＿＿＿＿＿＿を使って開発しています。

5. ラジュさんは＿＿＿＿＿＿ので少し困っています。

3割	半分	8割
2	3	4
三日ぐらい早く	三日ぐらい遅く	ジェービルダー
ネットビーンズ	ビジュアルスタジオ	参考書が少ない
コンパイルに時間がかかる	メニューがわかりにくい	エディタウィンドウが狭い

やってみよう！ Give It a Try !

進捗度を報告するときは、客観的な言葉、つまり、誰でも同じように理解する言葉で説明しなければなりません。人によって違うように理解してしまう言葉は使ってはいけません。では、次の会話で、リーさんが言わない方がいいのはどれですか。

A：リーさん、今のモジュールはどのぐらい終わっていますか。
B：単体テストの試験項目は＿＿＿＿＿＿＿＿＿＿＿＿＿
1. 全部終わりました。
2. だいたい終わりました。
3. 半分終わりました。
4. 4割終わりました。

語彙 Vocabulary

ウィンドウ　window	エディタ　editor	落ちる　crash
客観的　objective	コーディング　coding	コンパイル　compile
参考書　reference manual	試験項目　test item	
ジェービルダー　JBuilder (Java integrated development environment or IDE)		
進捗　progress	進捗度　level of progress	
その調子で　keep up the good work		段階　stage
ネットビーンズ　NetBeans (IDE)	バグ　bug	外す　remove
ビジュアル スタジオ　Microsoft Visual Studio (IDE)		
プラグイン　plugin (computer program that interacts with a host application)		
メニュー　menu	～割（as in 三割）　10 percent (as in 30 percent)	

発展語彙 Advanced Vocabulary

イーマックス　Emacs (class of text editor)	落とす　shut down
重い（ソフトウェアが）　PC is running slowly	
（PCが）固まる　(PC) freezes up	コードウォーリア　CodeWarrior (IDE)
デルファイ　Delphi (software development environment)	ランタイム　runtime

---

「『ホウレンソウ』は社会人の常識」

日本の会社でよく言われる、ホウ・レン・ソウとは、報告・連絡・相談（報・連・相）のことです（野菜のことではありませんよ！）。これは日本の会社において、コミュニケーションの大切さを表した言葉なのです。円滑で効率的に作業を進めるため、上司やチームの仲間に仕事上の問題、進捗状況や結果などを伝えることで、方向性を確認し、問題を解決することが報・連・相の目的です。そのポイントは、「報告：言いたい事を簡潔にわかりやすく伝える」「連絡：主観を入れずに事実を伝える」「相談：内容を明確にし、自分なりの解決策も用意して意見を求める」です。皆さんも、職場のコミュニケーションはホウ・レン・ソウを大切に！

Unit 9 遅延報告
Reporting a Delay

Li-san's development work is on schedule, but she seems dispirited today. She comes to Ide-san's desk looking quite downcast.

モデル会話 Dialogue

TRACK 25

リー：あのう、ちょっとよろしいでしょうか。

井出：はい、何でしょうか。

リー：実は、申し訳ありませんが、今のままでは予定に遅れそうなんです。

井出：原因は何ですか。①

リー：依存先のモジュールがまだ上がってこないんです。

井出：ああ、それは困りましたね。では、増員しましょう。どんな要員が必要ですか。

リー：スタブ②とテストデータ③だけでも作ってくれる人がいたら助かります。コーディングは、私一人でやるしかありませんので。

井出：スタブとテストデータですね。わかりました。この二つがあれば、予定どおりに終わりそうですか。

リー：はい。何とか終わると思います。

井出：では、スタブは、簡単な仕様だったら私が作りましょう。気分転換にいいしね。テストデータは、誰かに頼んでみます。

リー：すみません。すごく助かります。

井出：まあ、この遅れはリーさんのせいじゃないから心配しないで。じゃ、スタブとテストデータのことは昼食後に連絡しますので。

リー：ありがとうございます。よろしくお願いします。

ポイント ① When a problem arises, the superior must immediately specify the cause and think of a solution.

ポイント ② A stub is a replacement for a missing component that the component being tested will call as part of the unit test. It can return values, but those values are not calculated in the specifications.

ポイント ③ Test data is dummy data used for testing. For example, in customer management software testing, customer addresses and purchasing histories are used as data for testing purposes.

目標
- 予定より仕事が遅れていることを報告できる
  Reporting that a Project is Behind Schedule
- 遅れを取り戻す方法について相談ができる
  Discussing How to Get Back on Schedule

会話の理解　Dialogue Guide

1 A：実は、申し訳ありませんが、今のままでは予定に遅れそうなんです。

2 B：原因は何ですか。
　　A：依存先のモジュールがまだ上がってこないんです。

3 B：どんな要員が必要ですか。
　　A：スタブとテストデータだけでも作ってくれる人がいたら助かります。コーディングは、私一人でやるしかありませんので。

4 B：この二つがあれば、予定どおりに終わりそうですか。
　　A：はい。何とか終わると思います。

5 B：スタブは、簡単な仕様だったら私が作りましょう。気分転換にいいしね。テストデータは、誰かに頼んでみます。
　　A：すみません。すごく助かります。

6 B：まあ、この遅れはリーさんのせいじゃないから心配しないで。じゃ、スタブとテストデータのことは昼食後に連絡しますので。
　　A：ありがとうございます。よろしくお願いします。

1 The word,「実は、」is used as a gentle introduction for bringing up a topic of importance. Further, the「が」in this sentence is a preface and not an adversative conjunction.

2 Here the word, 上がる, refers to completion of the program. Li-san uses the expression, 上がってこない, to convey that the module is not yet finished, a fact that is causing a delay in the project schedule.

3 The nuance of the construction using a verb with「しかない」is that the speaker truly does not want to do the action but has no choice.

4 It is difficult to distinguish the usage of the conditional,「ば」, from「と」and「たら」, but remember that there should be an objective or expectation in the second clause for「ば」, as in this sentence. The ideal situation for using「ば」is when conditions for realizing the objective listed in the second clause are given in the first.

5 When you reach the level of project manager, it is common to no longer have responsibility for writing code.

6 Summarizing the upshot of the discussion is useful for avoiding misunderstandings. It also indicates that the conversation is winding up.

聞き取り練習　Listening Practice

TRACK 26

※スクリプトは p.113 にあります。

CDの内容と合っているものを選択肢から選んで、空欄に書きなさい。

1. ラジュさんの仕事が遅れているのは＿＿＿＿＿からです。
2. ラジュさんは締め切りを＿＿＿＿＿まで延ばしてほしいと言いました。
3. 井出さんは締め切りを＿＿＿＿＿まで延ばしました。
4. 締め切りまで仕事をするのは＿＿＿＿＿さんです。
5. 井出さんはラジュさんに、＿＿＿＿＿ように言いました。

Javaでコードが書けない　　UMLが読めない　　　　先週、会社を休んだ
週末　　　　　　　　　　週明け　　　　　　　　金曜日
日曜日　　　　　　　　　水曜日　　　　　　　　ラジュ
井出　　　　　　　　　　リー　　　　　　　　　体調管理をしっかりする
安全第一で仕事をする　　顧客第一で仕事をする

やってみよう！ Give It a Try!

「モデル会話」のリーさんは、上司に「リーさんのせいじゃないんだから」と言ってもらえましたが、聞き取り練習では、風邪を引いたラジュさんが「しっかりやってくださいよ」と言われてしまいましたね。では、仕事が遅れた際の理由として、相手に納得してもらえそうなのは、次のうちどれでしょうか。

1. キーボードにジュースをこぼして仕事ができない
2. 朝寝坊して電車に乗れなかった
3. 電車が事故で遅れた
4. 最新技術を応用したミドルウェアを自分でインストールしてみたらバグがあった

語彙 Vocabulary

上がる（as in 上がってこない） complete (as in: hasn't been completed yet)		
朝寝坊 oversleep	安全第一 safety first	
依存先 dependencies	インストール install	応用 application
遅れ delay	キーボード keyboard	気分転換 change of pace
原因 cause	顧客第一 customer is king	
動詞＋しかない verb + *shikanai* (must, have to)		事故 accident
しっかり adequately	週末 weekend	スタブ stub
増員 increase in staff	体調管理 keeping fit	昼食 lunch
土日 Saturday and Sunday	延ばす extend	ミドルウェア middleware
UML UML (Unified Modeling Language)		要員 personnel

発展語彙 Advanced Vocabulary

きつい tight	休日出勤 working through the holidays

Unit 10 担当モジュール完成報告
Reporting Completion of a Module Assigned to you

As we saw earlier, Li-san had become depressed when her project started running behind schedule. Today she seems like her old cheerful self again. Has the project got back on course since the last time we saw her?

モデル会話 Dialogue

TRACK 27

リー：大沢さん、すみません。
大沢：はい。
リー：私が担当していた四つのモジュールですが、すべて単体テストが終わりました。
大沢：お疲れさまでした。早かったですね。えーっと、リーさんの担当はどこでしたっけ。
リー：店舗情報管理です。
大沢：そうでしたね。では、テスト結果報告書① とバグ票②の提出をお願いします。
リー：はい、これです。
大沢：それから、ラジュさんがちょっと遅れているので、彼の担当を手伝ってください。
リー：わかりました。ラジュさんの担当はどこですか。
大沢：仕入管理機能です。仕入マスター処理はラジュさんが終わらせますから、発注データ処理の方をお願いします。
リー：仕入管理機能の発注データ処理のモジュールですね。詳細設計書③をいただけますか。
大沢：ちょっと手元にないので、ラジュさんが持っているのを、自分でコピーしてください。
リー：わかりました。
大沢：じゃ、よろしく。

ポイント① The "test performance report" gives the results of testing that is based on test specifications.

ポイント② "Bug reports" record the bugs that the tester found. The report is given to a programmer to fix, and when the program is debugged, it is sent back for retesting. The fixes are checked during this process.

ポイント③ When working with large systems, there are times when you will not be given the low level design. When you end up helping write modules not originally assigned to you, will need to read the low level design document before writing code.

目標
- 担当した仕事が終わったことを報告できる
  Reporting the Completion of Work Assigned to You
- 次の仕事の指示を理解できる
  Understanding Directives for a Forthcoming Project

会話の理解 Dialogue Guide

1 A：私が担当していた四つのモジュールですが、すべて単体テストが終わりました。
B：お疲れさまでした。早かったですね。

2 B：では、テスト結果報告書とバグ票の提出をお願いします。
A：はい、これです。

3 B：ラジュさんがちょっと遅れているので、彼の担当を手伝ってください。
A：わかりました。

4 A：ラジュさんの担当はどこですか。
B：仕入管理機能です。仕入マスター処理はラジュさんが終わらせますから、発注データ処理の方をお願いします。

5 A：仕入管理機能の発注データ処理のモジュールですね。詳細設計書をいただけますか。
B：ちょっと手元にないので、ラジュさんが持っているのを、自分でコピーしてください。
A：わかりました。

1 The 「が」 marks a preface and is not an adversative conjunction.

2 The word, 「提出」(submit), can be used as both a verb and a noun. When the request ending, 「～をお願いします」, is appended to a noun, it means "please do~." Here it has nearly the same meaning as 「提出してください」.

3 The 「わかりました」 said after receiving instructions does not merely mean that you understand the directive, but that you accept the directive and will do as you were told.

4 The word, 「どこ」, usually asks location, but it can also be used to ask about a section. Here it is used to ask what part of the overall system has been assigned to Raj.

5 The phrase, 「いただけますか」, is the humble potential form of 「もらう」 (to receive). It has the same meaning as 「ください」, but is somewhat more polite. If appended to a verb, as in 「していただけますか」, it is convenient for requesting something.

聞き取り練習　Listening Practice

TRACK 28

※スクリプトは p.113 にあります。

CDの内容と合っているものを選択肢から選んで、空欄に書きなさい。

1. ラジュさんが担当した機能は＿＿＿＿＿＿＿です。
2. ラジュさんはその中の＿＿＿＿＿＿＿以外を担当しました。
3. ラジュさんはこの後、＿＿＿＿＿＿＿を読みます。
4. ラジュさんはこの後、メールで＿＿＿＿＿＿＿と＿＿＿＿＿＿＿をもらいます。

顧客管理機能　　　　　　　仕入管理機能　　　　　　　在庫管理機能
見積依頼データ処理モジュール　　　　　　　　　発注データ処理モジュール
入荷データ処理モジュール　　単体テスト仕様書　　結合テスト仕様書
システムテスト仕様書　　　　運用テスト仕様書　　結合テスト結果報告書
バグ票

やってみよう！　Give It a Try !

成果物のできる順番で、正しいものはどれですか。

1. モジュール　　　　　　　→ 詳細設計書　　　　　→ 単体テスト結果報告書
2. モジュール　　　　　　　→ 単体テスト結果報告書 → 詳細設計書
3. 単体テスト結果報告書　　→ 詳細設計書　　　　　→ モジュール
4. 単体テスト結果報告書　　→ モジュール　　　　　→ 詳細設計書
5. 詳細設計書　　　　　　　→ モジュール　　　　　→ 単体テスト結果報告書
6. 詳細設計書　　　　　　　→ 単体テスト結果報告書 → モジュール

ヒント：モジュールを書く前に設計書を読みます。そして、モジュールが完成しないと単体テストはできません。

語彙 Vocabulary

コピーする	to copy	在庫管理	inventory management
仕入管理機能	purchasing management function	成果物	deliverable
単体テスト仕様書	unit test specifications	提出	submit
テスト結果報告書	test performance report	手元	at hand
店舗情報管理	retail information management	バグ票	bug report
見積依頼	estimate request		

発展語彙 Advanced Vocabulary

買掛金	accounts payable	会計管理	accounting management
販売管理	sales management		

「間違いを指摘する」

日本人と一緒に働いていると、仕事の進め方や考え方の違いで戸惑うことがあるかもしれません。しかし、そこで「それは間違っています」「こちらのほうが正しい」といった直接的な言い方をすると、相手を怒らせてしまうかもしれません。そこでお勧めなのが、「このやり方なら、さらに効率よく仕事ができると思います」「こんな方法もありますが、いかがでしょうか？」といった表現です。相手の考えを否定するのではなく、自分のやり方を提案することで、相手のプライドを傷つけないように気付かせる、ということです。言い方一つで、相手の反応もぐっと変わるはずですよ。

Unit 11 結合テスト
Combination Test

The implementation phase is over, and the project has entered the testing phase. Li-san is relieved that the unit testing of the module assigned to her has been completed. But now that Osawa-san, a little put out, comes to see Li-san.

モデル会話 Dialogue

TRACK 29

大沢：リーさん、ちょっといいですか。
リー：はい。
大沢：店舗情報管理機能を担当したのはリーさんでしたよね。
リー：はい、私です。
大沢：実は今、店舗情報管理機能と販売管理機能の結合テストをしているんですが、店舗マスターを参照するとエラーが出てしまうんです。
リー：そうなんですか。店舗情報側の問題ですか。
大沢：そうかもしれません。それでちょっと確認したいんですが、店舗マスターの主キーは店舗コードに設定されていますか。
リー：はい、そうしてあります。
大沢：そうですか。じゃ、店舗コードのデータ型は、どうなっていますか。
リー：整数型にしてあると思いますが。
大沢：仕様書ではテキスト型になっているので、仕様書のとおりにしてください。
リー：え、そうでしたか。すみません。すぐ直します。
大沢：お願いします。
リー：つまり、店舗名だけでなく、店舗コードもテキスト型にするということですね。
大沢：そのとおりです。よろしく。

ポイント ① The purpose of combination testing is to verify that individual modules that have been unit tested can function together reliably.

ポイント ② The master is a computer file. Although it is not updated frequently, as is the case for a sales data file, it is an important file referred to frequently by the system.

ポイント ③ The key fields in a master file are defined in order to differentiate records of information in a master file. There are no records without keys in a master file, and each record has only one key.

目標	・バグの原因を特定する情報を提供できる Providing Information for Identifying the Cause of Bugs ・バグを修正する方法を確認できる Confirming How to Fix Bugs

会話の理解　Dialogue Guide

1 A：店舗情報管理機能を担当したのはリーさんでしたよね。
　　B：はい、私です。

2 A：実は今、店舗情報管理機能と販売管理機能の結合テストをしているんですが、店舗マスターを参照するとエラーが出てしまうんです。
　　B：そうなんですか。

3 A：店舗コードのデータ型は、どうなっていますか。
　　B：整数型にしてあると思いますが。

4 A：仕様書ではテキスト型になっているので、仕様書のとおりにしてください。
　　B：え、そうでしたか。すみません。すぐ直します。

5 B：つまり、店舗名だけでなく、店舗コードもテキスト型にするということですね。
　　A：そのとおりです。

1「でしたよね」is in the past tense; it is an expression used to verify information that was heard in the past. This is why it is possible to use the expression when speaking about the present, as in "the area assigned to you."

2 This「出る」does not refer to something moving from inside to outside, but means to be able to see something that was not visible before. Here it refers to a situation in which a bug in the source code has become visible as the result of the system going down.

3 The「が」at the end of the sentence implies hesitation. It can be surmised that the phrase following the「が」in this case would be something like, "Is there some problem?"

4 This「でした」is like the「でしたよね」in Number 1; it confirms the information heard in the past.

5 This is an example of the listener rephrasing in his own words what he has heard. If the explanation by the speaker is complicated or long, it can be summarized by prefacing it with the expression,「つまり～ということですね」.

聞き取り練習　Listening Practice

TRACK 30

※スクリプトはp.113にあります。

CDの内容と合っているものを選択肢から選んで、空欄に書きなさい。

1. ラジュさんは＿＿＿＿＿＿の開発を担当しました。
2. 大沢さんは、ラジュさんの作ったモジュールと＿＿＿＿＿＿モジュールの結合テストをしています。
3. 大沢さんによると、＿＿＿＿＿＿というエラーが出ています。
4. ラジュさんは出荷データの個数のデータ型を＿＿＿＿＿＿にしました。
5. ラジュさんは出荷データの個数のデータ型を＿＿＿＿＿＿に直します。
6. そうすると＿＿＿＿＿＿ビットまで扱えるようになります。

応募採用管理	給与手当管理	生産管理
在庫管理	売掛金管理	買掛金管理
仕訳帳管理	販売管理	システムがダウンする
予想したデータが出てこない	スループットが少なすぎる	キャラクタ
ショート	ロング	シングル
ダブル	16	32
64		

やってみよう！ Give It a Try!

言い換えて確認するとき、データ型なら、上の聞き取り練習の例のようにビット数を使うこともできます。また、データ型は英語で書かれることもありますので、これを言い換えに使うこともできます。では、次の会話で正しい言い換えはどれでしょうか。

A：「そこはシングルじゃなくてダブルにしてください」
B：「つまり、＿＿＿＿＿＿にするということですね」
A：「そのとおりです。よろしく」

1. 文字列型
2. 文字型
3. 倍精度実数型
4. 長精度整数型

語彙 Vocabulary

売掛金	accounts receivable
エラー	error
買掛金管理	accounts payable management
～側（as in 店舗情報側、こちら側）	side, part (as in: the retail information part, for our part)
キャラクタ	character
給与	payment, salary
固定小数点	fixed-point
参照	access, reference
実数型	real data type
仕様書	specifications
ショート（短精度整数型）	short precision integer
仕訳帳	journal book
シングル（単精度実数型）	single precision real number
スループット	throughput
生産	production
整数型	integer
設定	define, set
ダブル（倍精度実数型）	double precision real number
手当	benefits
店舗情報管理機能	retail information management function
販売管理機能	sales management function
浮動小数点	floating-point
マスター	master (file)
文字型（キャラクタ）	character data type
文字列型（ストリング、テキスト）	character string data type
予想	projection, expectation
ロング（長精度整数型）	long precision integer

発展語彙 Advanced Vocabulary

応募採用管理	recruitment and employment management
オブジェクト型	object type

Unit 12 デバッグ終了報告とシステムテストの準備
Reporting Completion of Debugging and Preparation for System Test

Several bugs have been fixed, and even combination test is approaching the final phase. The system is now beginning to work as an integrated unit. What test will be assigned to Raj?

モデル会話 Dialogue

TRACK 31

ラジュ：大沢さん、すみません。
大沢：はい。
ラジュ：昨日のバグですが、修正が終わりました。
大沢：お疲れさま。回帰テスト① はしましたか。
ラジュ：はい、やってあります。これがバグ票です。
大沢：わかりました。最新版はアーカイブにチェックインしてありますね？
ラジュ：あ、まだです。
大沢：結合テストを再開しますから、すぐにチェックインしてください。
ラジュ：わかりました。
大沢：このバグがつぶせれば、結合テストは終わりです。
ラジュ：それでは、次はシステムテスト② ですね。
大沢：そうです。ラジュさんにはストレステスト③ を担当してもらいますから、テストデータを今日中に作っておいてください。
ラジュ：ストレステスト用のデータですね。システムテストの仕様書はありますか。
大沢：これです。
ラジュ：拝見します。

ポイント① The regression test(「回帰テスト」in Japanese) is the test that is performed after the bug fixing process is complete. Sometimes new bugs arise when the old ones are fixed. The purpose of the regression test is to ensure that this does not happen.

ポイント② System test occurs after integration test. It is performed in order to check the functioning of the overall system. There are different kinds of system test depending on the system requirement specifications.

ポイント③ A stress test is one type of system test. It is performed to ensure that the system doesn't crash even if being tested beyond normal operational capacity.

目標
- 結合テストが終わった報告ができる
  Reporting on Completion of Combination Testing
- システムテストの担当部分が理解できる
  Understanding the Section of System Testing Assigned to You

会話の理解 Dialogue Guide

1 A：昨日のバグですが、修正が終わりました。

2 B：お疲れさま。回帰テストはしましたか。
A：はい、やってあります。これがバグ票です。

3 B：わかりました。最新版はアーカイブにチェックインしてありますね？
A：あ、まだです。

4 B：結合テストを再開しますから、すぐにチェックインしてください。
A：わかりました。

5 B：このバグがつぶせれば、結合テストは終わりです。
A：それでは、次はシステムテストですね。

6 B：ラジュさんにはストレステストを担当してもらいますから、テストデータを今日中に作っておいてください。
A：ストレステスト用のデータですね。

7 A：システムテストの仕様書はありますか。
B：これです。
A：拝見します。

---

1 This is the 「が」 that serves as a preface. It is not an adversative conjunction.

2 The test is over so it is clear from the context that it is the bug report that is being submitted. Here, 「これが」 is more natural than 「これは」.

3 In the IT world, 「版」 is also often called a "version," just as in English. Here Osawa-san could also have said, "the latest version."

4 An archive is a location where source code is saved in the version management system. It is also called a repository.

5 「バグをつぶす」 (literally, "smash a bug") is a slang expression for "to fix a bug." The phrase can also be used as a noun: 「バグつぶし」 (literally, "bug smashing"), meaning "debugging."

6 The construction, (personal name) + verb （してもらいます）is often used by superiors when assigning work to employees under them.

7 In this case, the question, 「〜ありますか」, is closer in meaning to 「〜をください」 than to inquiring whether or not there are specifications.

聞き取り練習　Listening Practice

TRACK 32

※スクリプトはp.114にあります。

CDの内容と合っているものを選択肢から選んで、空欄に書きなさい。

1. リーさんが今しているテストは＿＿＿＿＿＿です。
2. リーさんが来週、担当するテストは＿＿＿＿＿＿です。
3. そのテストでリーさんはまず＿＿＿＿＿＿を調べます。
4. その後でリーさんは＿＿＿＿＿＿も調べます。

単体テスト	結合テスト	回帰テスト
ストレステスト	構成テスト	文書テスト
管理者用マニュアル	保守マニュアル	ユーザーマニュアル
ユーザーチュートリアル	オンラインヘルプ	

やってみよう！　Give It a Try !

「～はありますか」は、"～があるかどうか"を聞く質問ですが、「～をください」に近い意味でも使うことがあります。では、次の文で「～をください」の意味でないのは、どれですか。

1. （プロジェクトマネージャーが単体テストをしている人に）
   「まだたくさんバグはありますか」
2. （システムテストに参加する人がプロジェクトマネージャーに）
   「テスト仕様書はありますか」
3. （単体テストを担当する人がプロジェクトマネージャーに）
   「スタブとテストドライバーはありますか」
4. （プロジェクトマネージャーがデバッガーに）
   「テストが終わったんですね。バグ票はありますか」

語彙 Vocabulary

アーカイブ　archive	オンラインヘルプ　online help	回帰テスト　regression test
管理者用マニュアル　administrator manual		
構成テスト　configuration testing	最新版　latest version	修正　fix
ストレステスト　stress test	チェックイン　check-in	（バグを）つぶす　fix (a bug)
文書テスト　documentation testing		
保守マニュアル　maintenance manual		
ユーザーチュートリアル　user tutorial		
ユーザーマニュアル　user manual	〜用　for 〜	

発展語彙 Advanced Vocabulary

移行テスト　migration testing	機能テスト　functional testing
機密保護テスト　security testing	障害回復テスト　failure recovery testing
信頼性テスト　reliability testing	大容量テスト　volume testing
負荷テスト　stress testing	有用度テスト　usability testing

Unit 13 システムテスト
System Test

The system has finally started working! Because many tests must be performed on the integrated system, there still seem to be some small problems. Will Li-san and her colleagues be able to solve them?

モデル会話 Dialogue

TRACK 33

リー：大沢さん、大容量テスト① が全部終わりました。

大沢：お疲れさま。バグはありましたか。

リー：はい、三つほどありました。これがバグ票です。あのう……バグの一つは私が作ったモジュールに原因があるかもしれないんです。

大沢：じゃ、デバッグ② してください。あ、でも、コードは今、新山さんがアーカイブからチェックアウトしたままなんですよ。

リー：そうですか。じゃあ、新山さんのデバッグがいつ終わるのか、確認してみます。

大沢：よろしく。終わったら、バグ票を戻してください。

リー：バグ票を戻すんですね。わかりました。

****

リー：あのう、新山さん。実は、大容量テストが終わったんですが、バグが見つかりまして。私が作ったモジュールに原因があるかもしれないんです。

新山：そうですか。試験項目は、全部終わったんですか。

リー：はい、終わりました。

新山：じゃあ、デバッグしたいっていうことですね。

リー：そうなんです。

新山：えーっと、こちらのデバッグ③ はあと1時間ぐらいで終わると思いますから、もうちょっと待ってもらえますか。

リー：あと1時間ですね。ではすみませんが、終わったらお知らせいただけませんか。

新山：わかりました。

リー：よろしくお願いします。

ポイント① The volume test is one of the system tests. It checks whether or not the system handles the amount of data that is required by the specifications.

ポイント② Debugging is the process of fixing bugs. Both the tools used and the people who perform the tasks are called debuggers.

ポイント③ Several types of tests are performed within the system test. In projects without specialist debuggers, sometimes the code that one developer wants to debug is being debugged by another developer.

目標
- システムテストの結果を報告できる
  Reporting System Test Results
- デバッグする順番の交渉ができる
  Negotiating Who Debugs First

会話の理解　Dialogue Guide

1 A：大容量テストが全部終わりました。
　　B：お疲れさま。バグはありましたか。
　　A：はい、三つほどありました。これがバグ票です。

2 A：バグの一つは私が作ったモジュールに原因があるかもしれないんです。
　　B：じゃ、デバッグしてください。

3 B：コードは今、新山さんがアーカイブからチェックアウトしたままなんですよ。
　　A：そうですか。じゃあ、新山さんのデバッグがいつ終わるのか、確認してみます。

4 B：終わったら、バグ票を戻してください。
　　A：バグ票を戻すんですね。わかりました。

5 A：実は、大容量テストが終わったんですが、バグが見つかりまして。私が作ったモジュールに原因があるかもしれないんです。
　　B：じゃあ、デバッグしたいっていうことですね。

6 B：えーっと、こちらのデバッグはあと1時間ぐらいで終わると思いますから、もうちょっと待ってもらえますか。
　　A：あと1時間ですね。ではすみませんが、終わったらお知らせいただけませんか。

1 「ありました」is in the past tense but is explaining the current situation. Think of it as similar in meaning to「見つけました」("I found it").

2 The words, "bug," and "cause," are separated in this construction. This is done to put stress on "bug" as the focus of the sentence: "The cause of the bug might be in my module."

3 When the pattern,「a したまま b する」, is converted to「a したままだ」, it has the nuance that something that should have been finished wasn't, and shows the speaker's displeasure and frustration.

4 Of course it is best to rephrase in your own words for confirmation what the speaker has told you, but you can also use the method of repeating what the speaker said by using the simple construction, た-form of the verb +「～んですね」.

5 When asking something of your superior or of a senior colleague, there are times when you should confine yourself to explaining the situation and having the listener surmise what you mean. When you want to clarify what a subordinate or junior employee wants, confirm their intentions with「～したいっていうことですね」.

6 When the speaker doesn't immediately know how to answer a question, the interjection「えーっと」is used to indicate that the speaker is still trying to think of an answer; it is not his intention to ignore the questioner.

聞き取り練習　Listening Practice

TRACK 34

※スクリプトはp.114にあります。

CDの内容と合っているものを選択肢から選んで、空欄に書きなさい。

1. リーさんが担当しているテストは＿＿＿＿＿＿＿です。
2. リーさんは＿＿＿＿＿＿＿に間違いを見つけました。
3. リーさんは＿＿＿＿＿＿＿のテストをまだしていません。
4. ラジュさんは＿＿＿＿＿＿＿の原因を調べています。
5. ラジュさんは問題が解決したら＿＿＿＿＿＿＿で知らせます。

単体テスト	結合テスト	文書テスト
エラーメッセージ	警告ウィンドウ	確認ウィンドウ
ユーザーマニュアル	リファレンスマニュアル	オペレーションマニュアル
同期エラー	コンパイル時エラー	ランタイムエラー
携帯電話	メール	はがき

やってみよう！　Give It a Try！

日本では、相手に何かを要求するときに、問題があることだけを知らせて、要求を察してもらうことがあります。しかし、日本人が何を要求しているのかわからないときは、はっきりと聞いて確認することが必要です。では、次の会話で、確認の仕方としてよくないものはどれでしょうか。

A：「ブラックボックステストだけでは原因がわからないバグがあるんです」
B：「じゃあ、＿＿＿＿＿＿＿＿＿んですね？」

1. ホワイトボックステストもしたい
2. デバッグしたい
3. ソースコードが見たい
4. 命令網羅テストがしたい

ヒント：命令網羅テストはホワイトボックステストの一種です。

語彙 Vocabulary

エラーメッセージ　error message	オペレーションマニュアル　operation manual
確認ウィンドウ　confirmation window	
警告ウィンドウ　alert window	
携帯電話　cellphone	コンパイル時エラー　compile time error
同期エラー　synchronous error	はがき　postcard
ブラックボックステスト　black box test	
ホワイトボックステスト　white box test	（～した）まま　kept as is
命令網羅テスト　command coverage test	
ランタイムエラー　runtime error	リファレンスマニュアル　reference manual

発展語彙 Advanced Vocabulary

インストールマニュアル　installation manual
条件網羅テスト　condition coverage test
スタックオーバーラン　stack overrun
セキュリティーテスト　security test
バッファオーバーラン　buffer overrun
ヒープオーバーラン　heap overrun　　非同期エラー　asynchronous error
分岐網羅テスト　branch coverage test
メッセンジャー　messenger　　文字　character
ユーザビリティテスト　usability test

Unit 14 オペレーションデモの準備
Preparing an Operation Demo

The system test is finally finished. This marks the end of the development phase. But some final large tasks remain for this project. What task will be assigned to Li-san?

モデル会話 Dialogue

TRACK 35

大沢：リーさん、システムテストが無事に終わりましたよ。来週はオペレーションデモ①です。

リー：はい。私はどんなことを担当しますか。

大沢：リーさんには、在庫管理のところをユーザーさんに説明してもらいます。

リー：お客様に説明するんですね。説明にはパワーポイントを使ったりするんですか。

大沢：いや、まずリーさんがデモを見せて、その後にユーザーさんに体験してもらいます。

リー：でも、システムの移行②はまだ先ですよね。マシンはあるんですか。

大沢：デモ用にこちらから持参します。

リー：じゃあ、そのマシンにインストールしておくんですね。それから、在庫管理のデモなら、商品マスターや倉庫マスターのデータが必要だと思うんですが……。

大沢：あ、それはね、今コンバートとクレンジング③をしていますから。

リー：実際のデータが使えるんですね。

大沢：そうです。

リー：実は、お客さまに会うのは初めてなんです。うまく説明できるかなあ。

大沢：練習しておけば大丈夫ですよ。心配なら見てあげましょうか。

リー：すみません。お時間のあるときに、一度お願いします。

ポイント① An "Operation Demo" refers to the actual running of a new system to show the customer.

ポイント② "Migration" refers to installing the new system in the user's worksite and beginning to use it.

ポイント③ "Conversion" refers to transforming data used in an older system into new data. "Cleansing" refers to changing postal codes to seven digits, verification of bank account holder identification, and correcting incorrect data. These two processes can also be called 「データコンバート」 and 「データクレンジング」.

目標	・オペレーションデモの指示が理解できる Understanding Directions for an Operation Demonstration ・指示への疑問点について詳細に確認できる Verifying in Detail the Problem Points of Directions

会話の理解　Dialogue Guide

1 B：私はどんなことを担当しますか。
　　A：リーさんには、在庫管理のところをユーザーさんに説明してもらいます。

2 B：説明にはパワーポイントを使ったりするんですか。
　　A：いや、まずリーさんがデモを見せて、その後にユーザーさんに体験してもらいます。

3 B：でも、システムの移行はまだ先ですよね。マシンはあるんですか。
　　A：デモ用にこちらから持参します。

4 B：それから、在庫管理のデモなら、商品マスターや倉庫マスターのデータが必要だと思うんですが……。
　　A：あ、それはね、今コンバートとクレンジングをしていますから。
　　B：実際のデータが使えるんですね。

5 B：実は、お客さまに会うのは初めてなんです。うまく説明できるかなあ。
　　A：練習しておけば大丈夫ですよ。

6 A：心配なら見てあげましょうか。
　　B：すみません。お時間のあるときに、一度お願いします。

1 This「してもらいます」is the same as that explained in an earlier chapter (Unit 12). It is a directive. The verbal phrase in number 2, however, does not have the same nuance.

2 The construction,「〜たりする」, is also used to list examples. Here Li-san is using it to ask whether a special method or tool, such as PowerPoint, should be employed for explaining the system to the customer.

3 The word,「先」sometimes refers to the past and sometimes to the future. Here it refers to the future (See "Let's Try!").

4 At the end of the conversation Li-san is paraphrasing in her own words what she heard. In this pattern, she listens to an explanation about the current status and uses it to predict in her own words what she expects the result to be.

5 The expression,「できるかな」, is used to ask a question of oneself. Spoken aloud, it conveys uncertainty, and can be used to ask indirectly for the cooperation of the listener.

6 The verb,「見る」, has a number of meanings. Here Osawa-san uses it to convey to Li-san that he will check to see if there are any problems in her presentation.

聞き取り練習　Listening Practice　TRACK 36

※スクリプトはp.115にあります。

CDの内容と合っているものを選択肢から選んで、空欄に書きなさい。

1. 来週から＿＿＿＿＿が始まります。
2. ラジュさんは＿＿＿＿＿の説明を担当します。
3. 説明には＿＿＿＿＿と＿＿＿＿＿を使います。
4. 大沢さんはラジュさんに、パワーポイントの＿＿＿＿＿をメールで送ります。

システム移行	オペレーションデモ	ユーザー教育
販売管理	パワーポイント	アクセス
エクセル	ワード	システムの画面
システムのソースコード	システムのファイル	フォーマット
スライドショー	アニメーション	

やってみよう！ Give It a Try !

日本語の「先」は少し難しい言葉です。時間で考えると、「前」の意味のときもあるし「後」の意味のときもあります。では、次の文で時間が「前」の意味になるのはどれでしょうか。1～4の中から二つ選んでください。

1. システムの移行はまだ先ですよね。
2. 先にテストデータを作ってから、テストをします。
3. 今はまだシステムテストより先のことは考えなくていいです。
4. エクストリームプログラミングでは、コーディングより先にテストを作ります。

語彙 Vocabulary

アニメーション	animation	移行	migration
エクストリームプログラミング	extreme programming	エクセル	Excel (software)
オペレーションデモ	operation demonstration		
〜かなあ	I wonder ...	(データ)クレンジング	(data) cleansing
(データ)コンバート	(data) convert, (data) conversion		
先	later (or a short while ago)	持参	bring, take
実際	actually	スライドショー	slideshow
体験	experience	パワーポイント	PowerPoint (software)
フォーマット	format	無事に	without problems
ユーザー教育	user training	ワード	Word (software)

発展語彙 Advanced Vocabulary

入れ替える	replace		
テーマ	theme, topic		
テンプレート	template	プレゼンテーション	presentation
ロゴ入り	with a logo		

「説明は簡潔に」

職場では、質問されたら結論を最初に答えることが大切です。例えば、上司や同僚に「あなたは賛成しますか？」と聞かれたら、「はい」「いいえ」「わかりません」「場合によります」のように結論から言うようにしましょう。理由は、その後で説明してください。忙しい上司は、「もうすぐミーティングがあるから、まずは結論だけでも聞きたい」と思っているかもしれません。そんなときに、結論を言わずに理由から話し始めると、相手をイライラさせてしまうことがあります。もし、あなたが「日本語力が足りなくて説明に時間がかかってしまう」と悩んでいたら、まずは結論を最初に言うようにするだけで、少し問題が解消されるかもしれませんよ。

Unit 15 オペレーションデモ
Operation Demo

The day has finally arrived for demonstrating the system to the customer. Even though it has been debugged, everyone's hearts are fluttering and their mouths are dry. Will Li-san be able to demonstrate the system?

モデル会話 Dialogue

TRACK 37

リー：では、次に売上データを追加してみましょうか。まず、メニューバーから「データ追加」をお選びください。画面の左上のところです。

ユーザー：あ、何か出てきましたね。「売上」を選ぶんですか。

リー：そうです。はい、今クリックして出てきたのが「売上データ追加画面」です。

ユーザー：どこから入力するんですか。

リー：得意先から入力してみましょう。今は練習ですので、このプルダウンメニュー①から、どれでもお好きな得意先になさってください。

ユーザー：じゃあ、「林檎ラボ」にしましょう。（クリック）お、担当者も選べるんですね。とりあえず橋本さんにしておくか。

リー：はい。次は商品コードです。これはバーコードリーダー②でも読めるんですが、何かバーコードのついた商品はお手元にございますか。

ユーザー：困ったな。今ちょっとないんですよ。

リー：では、キーボードからも入力③できますよ。商品は何になさいますか。

ユーザー：いつもの「冷凍とんかつ」にしておきましょう（コードをキーボードで入力する）。お、コードを入れると、品名と値段も出てくるんですね。

リー：そうです。数量はいくつになさいますか。

ユーザー：じゃあ、いつもどおり5個にしておくかな。お、売上金額が出ましたね。

リー：そうです。もしほかに売上がない場合は、登録ボタンをクリックなさってください。

ユーザー：はい。（クリック）ああ、これでまた別の得意先の売上が登録できるんですね。

リー：そうです。

ポイント① A "pull-down menu" is also called a "drop-down menu." Here it refers to the type that displays lists when you click on it with a mouse.

ポイント② "Barcode readers" are often used at Point of Sale (POS) terminals. A light source is used to scan a barcode (on the product) that contains the product code. Barcode readers are also sometimes called "barcode scanners."

ポイント③ Here the product code information is input from the keyboard.

|目標|
- システムの使い方を説明できる
  Explaining How to Use a System
- 簡単な敬語を使ってユーザーと話せる
  Using Simple Honorifics to Talk to Users

会話の理解　Dialogue Guide

1 A：では、次に売上データを追加してみましょうか。まず、メニューバーから「データ追加」をお選びください。画面の左上のところです。
　　B：あ、何か出てきましたね。

2 B：「売上」を選ぶんですか。
　　A：そうです。今クリックして出てきたのが「売上データ追加画面」です。

3 B：どこから入力するんですか。
　　A：得意先から入力してみましょう。

4 A：今は練習ですので、このプルダウンメニューから、どれでもお好きな得意先になさってください。
　　B：じゃあ、「林檎ラボ」にしましょう。

5 A：はい。次は商品コードです。これはバーコードリーダーでも読めるんですが、何かバーコードのついた商品はお手元にございますか。
　　B：困ったな。今ちょっとないんですよ。

1 The expression, 「してみましょうか」is used to encourage or propose gently the next plan of action.

2 In this case, it is understood from the context that the screen allowing addition of sales data will appear next, so usage of「〜出てきたのが」is more natural than「〜出てきたのは」.

3 The question, "where?", in this case refers not to a place but to a section; it is used to ask what item should be used first for input. The answer should not be, "enter from the keyboard, etc."

4 The customer's statement, 「〜にしましょう」, conveys that the customer has decided on the action.

5 The use of "to read" indicates that a barcode reader was used for information entry. In contrast, "to write" indicates that a keyboard was used for information entry.

聞き取り練習　Listening Practice

TRACK 38

※スクリプトはp.115にあります。

CDの内容と合っているものを選択肢から選んで、空欄に書きなさい。

1. ラジュさんは＿＿＿＿＿＿データを追加する方法を説明しています。
2. 仕入年月日の欄は＿＿＿＿＿＿を参照しています。
3. 仕入先の欄は＿＿＿＿＿＿を参照しています。
4. 入力が終わったら、受領書の場合は＿＿＿＿＿＿を押して伝票を発行します。

売上　　　　　　　　　　　仕入　　　　　　　　　　　入金
会社のサーバーの時計　　　パソコンの内部時計　　　　ネットワーク・タイム・サーバー
商品マスタ　　　　　　　　顧客マスタ　　　　　　　　仕入先マスタ
受領印字ボタン　　　　　　見積依頼印字ボタン　　　　帳票ボタン

やってみよう！ Give It a Try!

本文中の「どこから入力しますか」は「どの項目を最初に入力しますか」と同じ意味です。つまりこの場合、「どこから」は移動を始める場所を質問しているのではありません。では、次の1～4の中で、本文と似ている「～から」はどれでしょうか。

1. 「このモニターはどこから買ったんですか」「秋葉原のパーツショップです」
2. 「この不正アクセスがどのホストから侵入したのか調べましょう」
3. 「商品マスタはどこから参照されていますか」「売上管理モジュールなどから参照されています」
4. 「セキュリティホールが多すぎて、どこから直せばいいかわかりません」
「影響が大きい穴からふさいでください」

ヒント：本文の「どこから」は「どれから」と言い換えることもできます。

語彙 Vocabulary

穴　hole	印字　print type	
クリック　click	仕入先　supplier	
受領　receipt	侵入　violation	数量　quantity
セキュリティホール　security hole	出てくる　appears	
得意先　customer	とりあえず　for the time being	とんかつ　pork cutlet
内部時計　internal clock	バーコードリーダー　barcode reader	
左上　upper left	品名　product name	ふさぐ　close
不正アクセス　illegal access	プルダウンメニュー　pull-down menu	
ボタン　button	メニューバー　menu bar	モニター　monitor
リスト　list	冷凍　frozen	

発展語彙 Advanced Vocabulary

印刷　to print	影響　influence, impact	自動的　automatic
スキャナー　scanner	単価　unit price	
ドロップダウンメニュー　drop-down menu		
値段　price	ネットワーク・タイム・サーバー　Network Time Server	
パーツショップ　parts shop	発行　issue	
POS　Point of Sale (terminal)		

第3章 仕様書を読む
文章表現に慣れておこう

Unit 1 販促対象検索処理
Sales Promotion Tracking

In any business, customers are essential and it is important to build good relationships with them. In this section we will look at expressions that are necessary when performing sales promotion tracking using a customer management system.

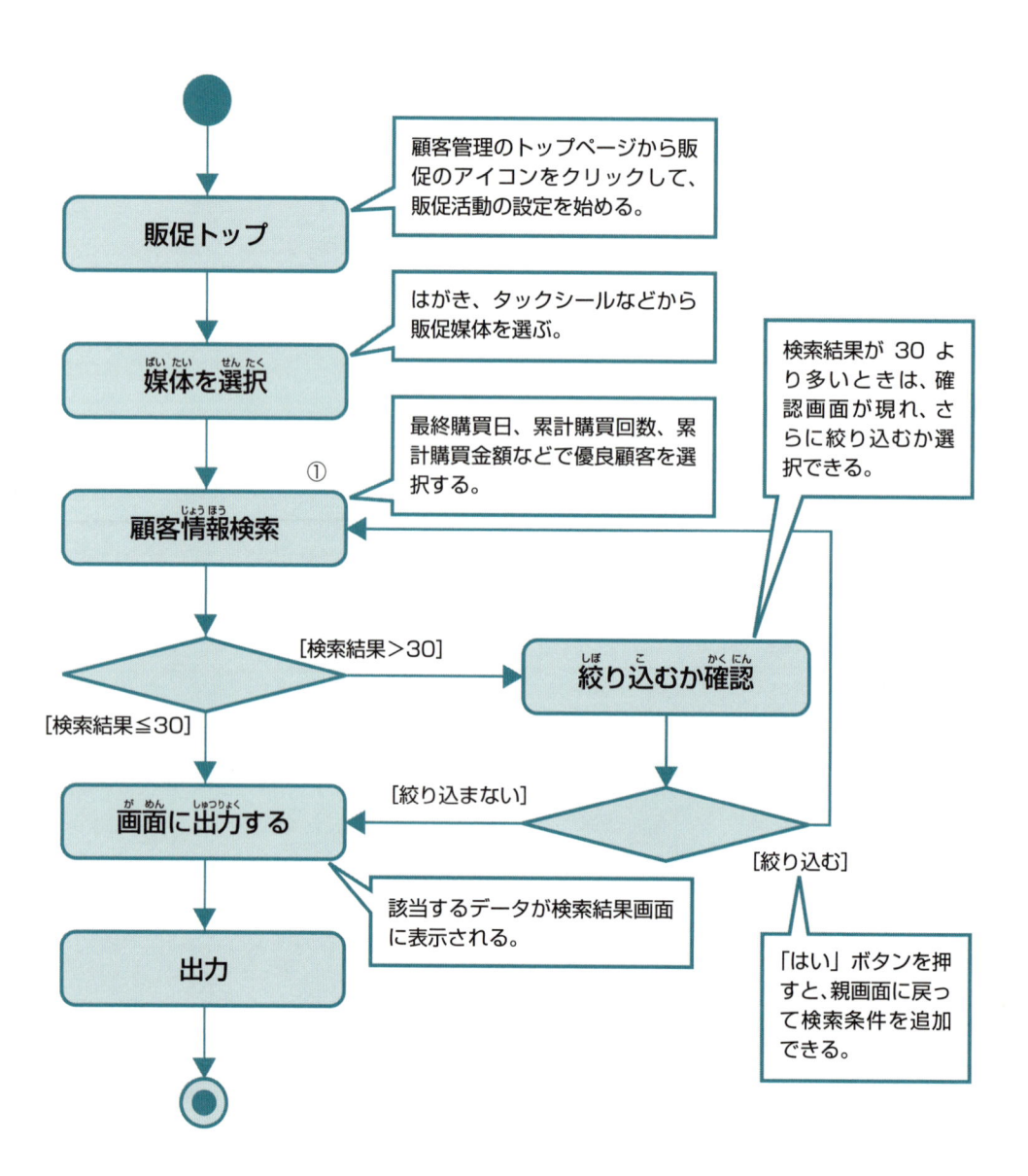

販促トップ ← 顧客管理のトップページから販促のアイコンをクリックして、販促活動の設定を始める。

媒体を選択 ← はがき、タックシールなどから販促媒体を選ぶ。

① **顧客情報検索** ← 最終購買日、累計購買回数、累計購買金額などで優良顧客を選択する。

[検索結果>30] → **絞り込むか確認** ← 検索結果が30より多いときは、確認画面が現れ、さらに絞り込むか選択できる。

[検索結果≦30]

[絞り込まない] → **画面に出力する**

[絞り込む] → 「はい」ボタンを押すと、親画面に戻って検索条件を追加できる。

出力 ← 該当するデータが検索結果画面に表示される。

目標
- 仕様書の顧客管理に関する語彙が理解できる
  Understanding Vocabulary in the Specifications for Customer Management
- 販促活動の対象を選ぶ処理が理解できる
  Understanding Selection Processing for Sales Promotion Activities

表現の理解　Expressions Guide

1 顧客管理のトップページから販促のアイコンをクリックして、販促活動の設定を始める。

On the first customer management screen, click on the icon for sales promotion and begin setting the sales promotion activities.

2 はがき、タックシールなどから販促媒体を選ぶ。

Choose postcard, post-it memo, or any other type of advertising medium.

3 最終購買日、累計購買回数、累計購買金額などで優良顧客を選択する。

Select customers using your preferred criteria (e.g. last purchasing date, total number of purchases, total amount in purchases, etc.)

4 検索結果が30より多いときは、確認画面が現れ、さらに絞り込むか選択できる。

When search results exceed 30 hits, the confirmation screen appears, and you can select whether to narrow your search further.

5 「はい」ボタンを押すと、親画面に戻って検索条件を追加できる。

If you click the "yes" button, you can return to the main screen and add search conditions.

6 該当するデータが検索結果画面に表示される。

Relevant data appears on the search results screen.

---

1 The expression, 「クリックして」 refers to a method. The subject of the 「始める」 at the end of the sentence has been omitted, but refers to the user.

2 In general the "sales promotion medium" includes mass media. In documents concerning customer management, and in particular, customer relationship management (CRM), this often refers to media centering on one-to-one marketing, including direct mail and email.

3 What makes a preferred customer preferred is his superior standing in the industry and not his personality. The standard that industries use to determine the value of a customer is often based on the three evaluation criteria listed in the sentence.

4 The expression, 「30より多いとき」, ("more than 30," "exceed 30"), does not include 30. To include the number 30, use the expression, 「30以上のとき」 ("30 or more"). Thus, in this chart, when the number of hits is 30, the confirmation screen for narrowing the search will not appear.

5 「親画面」 is the original screen from which you access other screens. The new screen that is accessed is called the 「子画面」. In this case, the customer information search screen is the 「親画面」, and the screen to confirm the narrower search is the 「子画面」.

6 Here the data referred to is data stipulated by the user in the search argument. The expression is often used in cases related to search argument results.

やってみよう！ Give It a Try!

問1． フローチャート（p.96）の①では、販売促進のために以下のデータをユーザーに提示する仕様になっています。
・最終購買日　　　・累計購買回数　　　・累計購買金額

以下の1から4のフィールドのある「売上データ」というテーブルを作り、顧客IDで検索する場合、**参照する必要がない**と思われるデータはどれですか。外部設計書を読んでから内部設計書を書くつもりで考えてみてください。

1．販売員コード　　2．商品コード　　3．売上日時　　4．売上数量

問2． ユーザーは200人の顧客にダイレクトメールを送ろうと考え、フローチャートで示されている処理を行いました。しかし、該当するデータが200件よりも少なかったため、検索条件を緩めなければなりません。そこで、最終購買日は問わないことにし、長期間来店していない顧客も検索対象に含めることにしました。この場合、問1と同じテーブルを検索するとして、**参照しない**フィールド名はどれですか。

1．顧客ID　　2．商品コード　　3．売上日時　　4．売上数量

問3． ユーザーの会社は、海外から輸入していた「冷凍とんかつ」に加えて、新しく「国産冷凍とんかつ」も販売することになりました。このため、1年以内に「冷凍とんかつ」を購入したすべての顧客に、Eメールでお知らせしようと思っています。問1、問2と同じテーブルを検索するとして、ここで**参照しない**フィールド名はどれですか。

1．顧客ID　　2．商品コード　　3．売上日時　　4．売上数量

語彙 Vocabulary

アイコン	icon	売上数量	sales quantity		
売上日時	time and date of sale	該当する	～ referred to	加える	to add
検索結果	search results	国産	domestic (production)		
最終購買日	last purchasing date	絞り込む	to narrow, filter	示す	to indicate
選択する	to select	ダイレクトメール（DM）	direct mail		
長期間	long period	提示する	to appear, to present	テーブル	table
トップ	top	トップページ	top page	問わない	doesn't consider
販売員コード	salesperson code	販売促進（販促）	sales promotion	含める	include
フローチャート	flowchart	優良顧客	preferred customer	緩める	loosen, relax

来店する visit a store	累計購買回数 total number of purchases	
累計購買金額 total amount in purchases		

発展語彙 Advanced Vocabulary

一括請求 bulk invoice	～以内 within	受取方法 method of receipt
カード番号 credit card number	カード有効期限 expiry date (of credit card)	
肩書 title	空メール登録 registion by blank e-mail	
既存顧客 existing customer	休眠顧客 dormant customer	銀行口座 bank account
銀行口座タイプ type of bank account		
銀行振込 bank account transfer (of funds)		
勤務先電話番号 office telephone number		クレジットカード credit card
クレジット限度額 credit limit	敬称 honorific title	
現金 cash	広告配信 advertisement distribution	
購買履歴 purchasing record	小切手 check	顧客コード customer code
顧客番号 customer number	個別請求 invoice by individual	
コンビニ受取 receipt of purchase at convenience store		
コンビニ支払 payment via convenience store		
最新受注日 date of latest order receipt		自宅 one's own home
自宅電話番号 home telephone number		
自動返信 automatic reply	支払い方法 method of payment	氏名 name
氏名読み name kana reading	住所 address	照会 reference
初回受注日 date of first order receipt		職業 occupation
女性 female	所属会社 affiliated company	新規顧客 new customer
性別 gender	潜在顧客 potential customer	
代金引換（代引） cash on delivery (COD)		
宅配便受取 express delivery receipt		
タックシール mailing label	男性 male	手形 promissory note
デビットカード debit card	店舗受取 receipt of purchase at retail outlet	
当座預金 checking deposit account		督促 dunning letter
督促履歴 dunning letter history		
都道府県 government districts (all prefectures, including Tokyo, Hokkaido, Osaka, and Kyoto)		
取引履歴 transaction record	年齢 age	
配達日時 date and time of express delivery		ファクス番号 fax number
普通預金 ordinary deposit account		
見込み顧客 prospective customer	名義人 title holder	郵便番号 postal code
郵便振替 postal transfer (of funds)	与信 credit	与信限度 credit limit
与信保留 credit hold	ローマ字 Roman alphabet	

Unit 2 受注処理
Order Fulfillment

Sales management involves the following workflow: receipt of estimate request, price quotation, receipt of an order, delivery of product, receipt of payment. In this unit, we will look at expressions that are necessary in sales management system development.

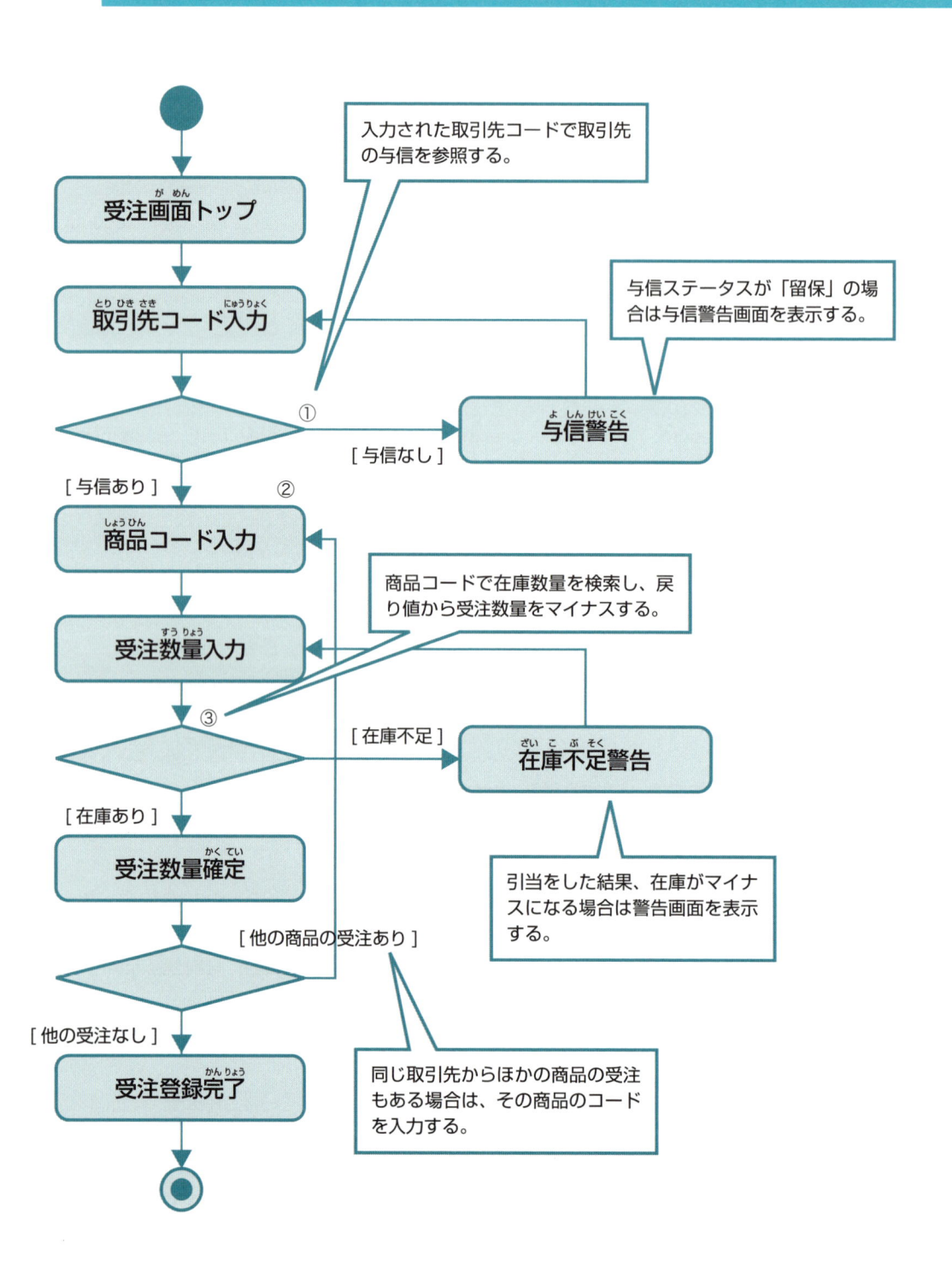

```
          ●
          │
          ▼
   ┌─────────────┐
   │ 受注画面トップ │
   └─────────────┘
          │
          ▼
   ┌─────────────┐        入力された取引先コードで取引先
   │ 取引先コード入力 │◄─────  の与信を参照する。
   └─────────────┘
          │
          ▼
         ◇ ①  ──[ 与信なし ]──► ┌─────────┐
         ◇                      │ 与信警告 │  ◄── 与信ステータスが「留保」の場
    [ 与信あり ]                 └─────────┘      合は与信警告画面を表示する。
          │ ②                       │
          ▼                         │
   ┌─────────────┐ ◄────────────────┘
   │ 商品コード入力 │
   └─────────────┘        商品コードで在庫数量を検索し、戻
          │        ◄───── り値から受注数量をマイナスする。
          ▼
   ┌─────────────┐
   │ 受注数量入力 │ ◄─────┐
   └─────────────┘        │
          │ ③             │
          ▼                │
         ◇  ──[ 在庫不足 ]──► ┌───────────┐
         ◇                    │ 在庫不足警告 │
    [ 在庫あり ]               └───────────┘
          │                        │
          ▼                        │
   ┌─────────────┐                 │ 引当をした結果、在庫がマイナ
   │ 受注数量確定 │                 │ スになる場合は警告画面を表示
   └─────────────┘                 │ する。
          │
          ▼
         ◇ ──[ 他の商品の受注あり ]──┐
         ◇                          │
    [ 他の受注なし ]                  │ 同じ取引先からほかの商品の受注
          │                          │ もある場合は、その商品のコード
          ▼                          │ を入力する。
   ┌─────────────┐
   │ 受注登録完了 │
   └─────────────┘
          │
          ●
```

目標
- 仕様書の販売管理に関する語彙が理解できる
  Understanding Vocabulary Related to Sales Management Specifications
- 受注データ登録処理の流れが理解できる
  Understanding the Flow of Processing for Order Data Registration

表現の理解　Expressions Guide

1 入力された取引先コードで取引先の与信を参照する。

Refer to a client's credit by using the transaction code entered into the system.

2 与信ステータスが「留保」の場合は与信警告画面を表示する。

When the credit status is on hold, a credit warning window will be displayed.

3 商品コードで在庫数量を検索し、戻り値から受注数量をマイナスする。

Track the amount of inventory using the product code, and subtract the order quantity from the return value.

4 引当をした結果、在庫がマイナスになる場合は警告画面を表示する。

If inventory falls below zero because of discounts and allowances, a warning message will appear on the screen.

5 同じ取引先からほかの商品の受注もある場合は、その商品のコードを入力する。

When an order for a different product is received from the same client, enter in the product code.

---

1 Credit is an indication of how trustworthy the client is. In most cases, clients with no credit rating have to pay in advance for a product.

2 "Credit hold" refers to a state whereby it is uncertain whether or not the client will pay.

3 This type of calculation is usually called「引当」or「引き当て」(discounts and allowances). This sentence could be rephrased to say「ユーザーが入力した受注数量によって、引当を行う」.

4 Even if there is still stock in the warehouse, if there are already orders against the entire stock, no sales can be made to other customers. Usually in such situations, a warning screen is displayed, and order processing is no longer possible.

5 The first clause can be rephrased as「その取引先が複数の商品を発注している場合は」.

やってみよう！ Give It a Try!

問1　フローチャート（p. 100）の①を見てください。システムはその取引先の与信を判断しなければなりません。このとき、システムが参照する必要がないと思われるデータは次の四つのうち、どれですか。外部設計書を読みながら内部設計書を書くつもりで考えてみてください。
　　1．売掛金　　　2．取引先ID　　　3．商品マスタ
　　4．取引先別与信限度

　　※ヒント：与信の判定では、売掛金がその取引先の与信限度額を超えていないかどうかが、重要な要素になります。

問2　フローチャートの②を見てください。ここで誤入力を防ぐには、以下のような仕様が望ましいです。

　　望ましい仕様：ユーザーが商品コードを入力すると、商品名が表示される。

　　この仕様のシステムを作る場合、システムが参照するテーブル名としてもっとも自然なものは、次の四つのうちのどれですか。外部設計書を見ながら内部設計書を書くつもりで、考えてください。
　　1．顧客マスタ　　　2．商品マスタ　　　3．売上データ
　　4．取引先マスタ

問3　フローチャートの③を見てください。ユーザーが受注した数量を入力すると、残りの在庫数が表示される仕様になっています。このとき、システムが参照するテーブル名として、もっとも自然なのは次の四つのうちのどれですか。外部設計書を読みながら内部設計書を書くつもりで考えてみてください。
　　1．倉庫マスタ　　　2．商品マスタ　　　3．売上データ
　　4．在庫データ

語彙 Vocabulary

完了	completion	警告	alert		
限度額	maximum monetary amount			超える	exceed
誤入力	entry error	在庫不足	insufficient stock	自然な	natural
望ましい	desirable, advisable	判断する	to judge	判定	decision, judgment

マイナスする	to subtract	戻り値	return value	留保	on hold

発展語彙 Advanced Vocabulary

粗利表	gross profit report	委託売上	consignment sale	受取手形	bill receivable
売上一覧	sales list	売上集計表	sales tabulation	売上順位表	ranking of sales
売上伝票	sales slip, notice	売上入力	sales entry	売上返品	returned sales item
売上明細表	itemized sales account				
売掛金回収	collection of accounts receivable				
売掛金残高	accounts receivable balance			送り状	pro forma invoice
確保	guarantee, securement	繰越売掛金残高	carried forward accounts receivable balance		
月次売上推移表	monthly sales progress report				
月末締め	settlement of accounts at end of month			支払通知書	payment notice
支払予定	expected date of payment			締め日	closing date
社員立替	payment by employees	受注一覧	order list	受注伝票	order slip, notice
受注入力	order entry	受注明細	itemized account of orders		
出荷一覧	shipment list	出荷依頼	shipment request		
出荷依頼一覧	shipment request list				
出荷依頼書	shipment request form				
出荷依頼入力	shipment request entry				
出荷処理	shipment processing	出荷入力	shipment entry	消化売上	consignment sale
商品価格表	product price chart	商品コード	product code		
商品別売上	sales by type of merchandise				
前年同月比	comparison with the corresponding period the year before				
送付先	addressee	宅急便	express delivery		
担当者別売上	sales by salesperson			注文書	order form
注文書受領	order form receipt	直送	direct delivery	通常売上	ordinary sale
定価販売	list price sale	得意先区分	customer classification		
得意先住所録	customer address record			入金	deposit
入金確定	deposit confirmation	入金集計表	deposit tabulation	入金振込	automatic deposit
入金明細表	itemized account of deposits			納品	delivery of goods
納品書	statement of delivery	販売予算	sales budget		
引当	discounts and allowances	プラスする	to add	振込	electronic bank transfer
振込予定	expected date of electronic bank transfer			見積書	price quotation
見積入力	estimate entry	見積明細表	details of estimate (price quotation)		
要素	element, factor	予算実績対比表	comparison report of actual to budgeted sales		

Unit 3 発注処理
Order Processing

In this lesson, we will look at a case in which the company warehouse inventory quantity has dropped below the reorder point, and the user reorders goods from the supplier to increase inventory.

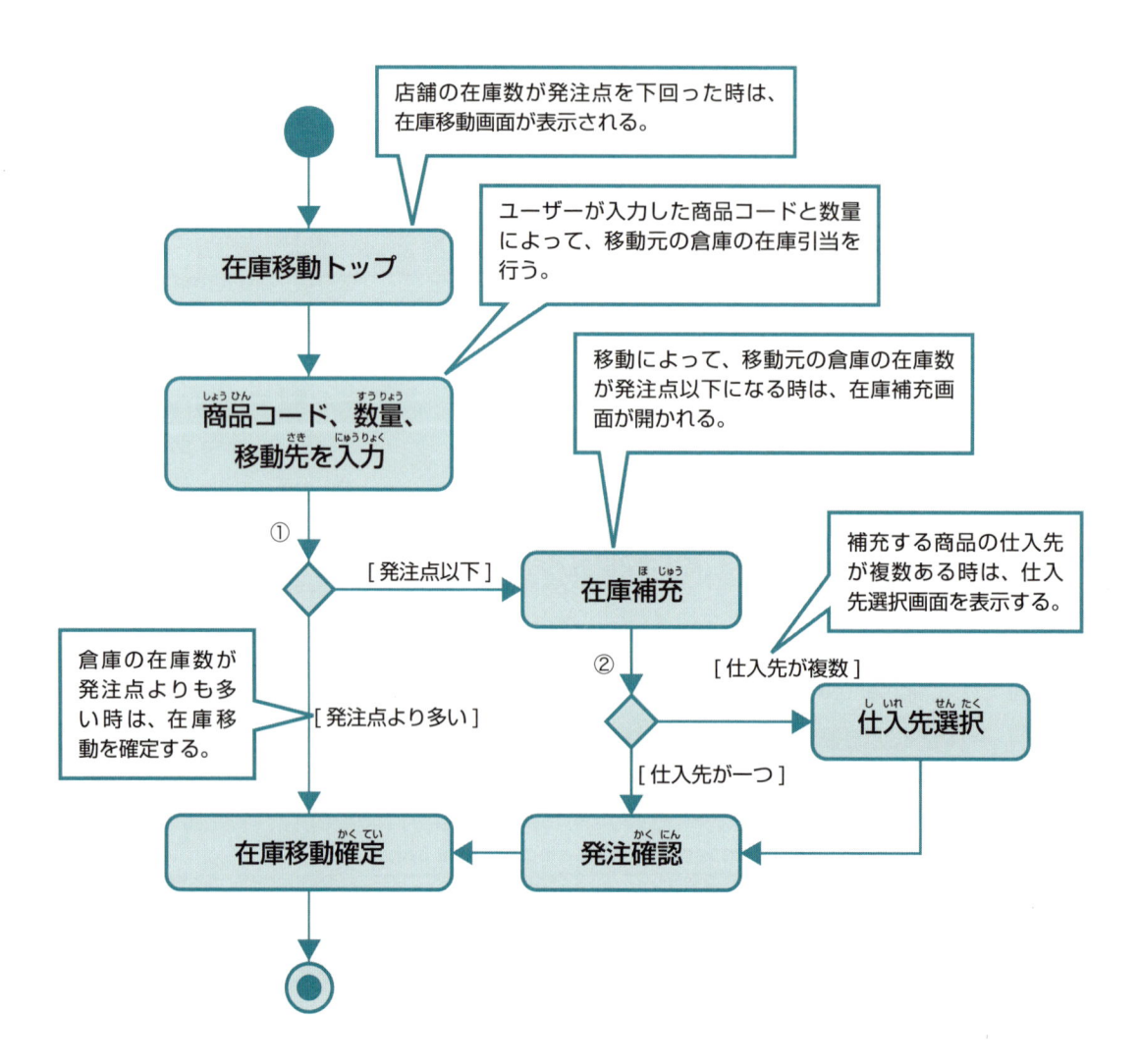

フロー図

- 在庫移動トップ
  - 店舗の在庫数が発注点を下回った時は、在庫移動画面が表示される。
- 商品コード、数量、移動先を入力
  - ユーザーが入力した商品コードと数量によって、移動元の倉庫の在庫引当を行う。
- ① 分岐
  - [発注点以下] → 在庫補充
  - [発注点より多い] → 在庫移動確定
  - 倉庫の在庫数が発注点よりも多い時は、在庫移動を確定する。
- 在庫補充
  - 移動によって、移動元の倉庫の在庫数が発注点以下になる時は、在庫補充画面が開かれる。
- ② 分岐
  - [仕入先が複数] → 仕入先選択
  - [仕入先が一つ] → 発注確認
  - 補充する商品の仕入先が複数ある時は、仕入先選択画面を表示する。
- 仕入先選択 → 発注確認
- 発注確認 → 在庫移動確定
- 在庫移動確定 → 終了

目標
- 仕様書の在庫管理に関する語彙が理解できる
  Understanding Inventory Management Specifications Vocabulary
- 在庫移動処理の流れが理解できる
  Understanding the Flow of Inventory Movement Processing

表現の理解　Expressions Guide

1 店舗の在庫数が発注点を下回った時は、在庫移動画面が表示される。

When a store's inventory falls below reorder point, an inventory movement warning screen is displayed.

2 ユーザーが入力した商品コードと数量によって、移動元の倉庫の在庫引当を行う。

Inventory discounts and allowances are performed at the warehouse of the source of movement, depending on the product code and quantity entered by the user.

3 倉庫の在庫数が発注点よりも多い時は、在庫移動を確定する。

When the inventory quantity at the warehouse exceeds the reorder point, inventory movement is fixed.

4 移動によって、移動元の倉庫の在庫数が発注点以下になる時は、在庫補充画面が開かれる。

When inventory quantity at the warehouse falls below the reorder point through movement, the "replenish inventory" window is opened.

5 補充する商品の仕入先が複数ある時は、仕入先選択画面を表示する。

When there are multiple suppliers of a product to be replenished, the "select supplier" screen appears.

---

1 「在庫移動」is a concept under the heading of「在庫管理」. It manages the movement of goods between several warehouses or, as in this example, between the store and the warehouse. The「発注点」indicates a threshold of inventory quantity. If inventory falls below this point, the stock must be replenished.

2 「〜によって」is often used as a passive expression, as in「LINUX は Linus Torvalds によって作られた」(Linux was developed by Linus Torvalds), but it can also be used to mean something like,「〜を使って」(using 〜), as in this example.

3 「時 は」can be used as a conditional phrase ("if").

4 When timing for reordering is based on the reordering point, as is the case here, the inventory system is called a「発注点方式」or a「定量発注方式」.

5 This「時は」, like「3」, means「もし〜なら」(if...), and expresses the condition of supposition.

やってみよう！ Give It a Try!

問1　フローチャートの①を見てください。ここでは、在庫の引当を行って、在庫補充する必要があるかどうかを判定しなければなりません。システムはどんなデータを参照しなければなりませんか。以下の四つのデータから、**必要ないもの**を一つ選んでください。
1．その商品の在庫数　　2．その商品の発注点
3．その商品の受注数　　4．その商品の価格

問2　フローチャートの②を見てください。ここでは、システムは補充する商品の仕入先が複数あるかどうかを判定しなければなりません。そこで、「商品マスタ」という名前のテーブルを商品コードで検索して、複数の仕入先がある商品の名前を返すとき、システムはどんなデータを参照しなければなりませんか。以下の四つの中から、**必要ないもの**を選びなさい。
1．商品コード　　2．商品名　　3．商品区分　　4．仕入先コード

問3　あるユーザーの会社は、倉庫と店舗が一つずつしかありません。また、生鮮食料品を扱っているので、売れ残りはすべて店舗側で廃棄され、倉庫に戻りません。このユーザーのために開発するシステムの「在庫移動データ」というテーブルで、現状では**必要ない**と思われるフィールドは、次の四つのうちのどれですか。
1．商品コード　　2．移動日時　　3．移動数量　　4．移動先

語彙 Vocabulary

移動元　source of movement	売れ残る　left unsold	（〜を）返す　to return
価格　price	区分　category, classification	現状では　currently
在庫移動　inventory movement	在庫引当　inventory security	
在庫補充　replenishing inventory	生鮮食料品　perishable goods	
日時　date and time	廃棄する　to dispose of	発注点　reorder point

発展語彙 Advanced Vocabulary

IC タグ	IC (integrated circuit) tag
安全在庫	safety stock (same as minimum stock)
運送会社	transport company
期首在庫数	starting inventory number
期末在庫数	final inventory number
欠品	out of stock item
検品	inspection of goods
在庫移動指示書	inventory movement directive
在庫回転日数	number of days for inventory turnover
在庫回転率	rate of inventory turnover
在庫切れ	out of stock
在庫調整	inventory adjustment
最小在庫量	minimum stock
最大在庫量	maximum stock
下回る	fall below
出庫	shipment from warehouse
出庫数量	quantity of items shipped from warehouse
出庫日	date of shipment from warehouse
出庫明細	shipment from warehouse details
需要予測	demand forecast
前月在庫数	previous month's inventory
倉庫	warehouse
倉庫コード	warehouse code
棚卸し	take inventory
調達	procurement
調達期間	adjustment period
定期発注方式	periodic ordering system
定量発注方式	fixed quantity ordering system
適正在庫	appropriate inventory
デッドストック	dead stock
電子荷札	electronic tag
店頭在庫	store inventory
当月在庫数	current month inventory
入荷検品書	report on inspection of goods delivered
入庫	warehousing
入庫数量	warehousing quantity
入庫日	date of warehousing
入庫明細	warehousing details
入出庫履歴	history of items warehoused and shipped from warehouse
納入日	date of delivery
廃棄処分	disposal (of used items)
配送	delivery
発注点在庫	reorder point inventory
パレット	pallet
販売予測	sales forecast
ピッキングリスト	picking list
物流	physical distribution
保管料	storage fee
輸送手段	means of transport
リードタイム	lead time
流通会社	distribution company
ロジスティクス	logistics
ロット	lot

〈聞き取り練習〉スクリプト

第1章

Unit 1 —— Track 01
ラジオのコマーシャルが流れています。
DJ：夢の世界へようこそ！　アルクテクノロジー社は秋葉原に本社があり、シリコンバレーにも支社のあるロボット開発企業です。日本とアメリカで活躍するエンジニアたちは合計3,500人！　あなたもここで未来を作る仲間に入りませんか。私たちは、夢のある若い技術者たちを応援しています。あなたに熱い夢があるなら、ぜひ、当社へ！　「ロボットとともに明るい未来を」。アルクテクノロジー。

Unit 2 —— Track 03
ラジュさんが、田口さんに電話しています。
田口：はい、お電話替わりました。人事部の田口です。
ラジュ：あ、おはようございます。ラジュと申します。求人の件でお聞きしたいことがあるんですが。
田口：何でしょうか。
ラジュ：私はインドのバンガロールで働いているんですが、こちらの資格は日本でも有効ですか。
田口：インドの資格というとドアックですか。
ラジュ：そうです。
田口：どのレベルですか。
ラジュ：レベルCです。
田口：レベルCなら日本の資格と同じように扱われますから、大丈夫ですよ。
ラジュ：そうですか。安心しました。
田口：うちのウェブサイトから資料はダウンロードしましたか。
ラジュ：はい、しました。でも、まだ資格のところまでしか読んでいないんです。
田口：じゃあ、半分ぐらい読んだんですね。まずは全部読んでみて、わからないことがあったら、また電話してください。
ラジュ：わかりました。ありがとうございます。

Unit 3 —— Track 04
リーさんが、自分の職務経歴について話しています。
リー：私は御社でシステムエンジニアとしてのキャリアを積みたいと考えております。私は2001年に大連情報技術大学ソフトウェア工学学院に入学しました。専攻はプログラミングでしたが、2年生の時に日本語強化コースが開設されるのと同時に、日本語を履修し始めました。2005年に同大学を卒業し、大連市にある大連e-コマースシステムズに入社しました。主な案件は中国企業の日本市場向け広報サイトの製作でした。2006年から現在まで、オフショア部門に配属され、日本企業のオンラインショップの開発に関わっています。ここではPHPによるe-コマースの技術のみならず、日本の基礎的な商習慣を身に付けることができました。このように、これまでずっと日本市場向けウェブサイトの開発に関わって参りました。そのため、日本市場に最適で実用的なシステム開発に貢献することができると自負しています。

Unit 4 ——Track 06

ラジュさんが面接を受けています。

ラジュ：失礼します。ラジュ・タルクダールと申します。よろしくお願いいたします。
田口　：はい、どうぞ。おかけください。さて、まず筆記試験ですが、どうでしたか。
ラジュ：技術試験はそれほど難しくありませんでしたが、日本語のテストは難しかったです。
田口　：日本語はどちらで勉強したんですか。
ラジュ：自分で勉強しました。
田口　：それはすごいですね。では、どうして日本で働きたいんですか。
ラジュ：私が昔やっていた研究が日本で実用化されてきたので、その現場に行って、この目で見てみたいんです。
田口　：ご研究というのはグリッドコンピューティングのことですよね。
ラジュ：はい。今は特に、御社のネット銀行のプロジェクトに注目しています。
田口　：なるほど。ただ、うちはいろいろなプロジェクトがあって、ネット銀行のプロジェクト以外にも参加していただきたいと思っているんですよ。そのあたりはいかがですか。
ラジュ：もちろん、ほかの仕事もやらせていただきます。
田口　：そうですか。それは頼もしいです。

Unit 5 ——Track 08

リーさんが田口さんに電話をかけています。

田口：はい、お電話替わりました。人事部の田口です。
リー：あ、田口さんですね。大連のリーです。
田口：ああ、リーさん。渡航手続きは無事に進んでいますか。
リー：それが……。今日、領事館に行ったら、会社の書類が足りないって言われたんです。
田口：足りないのは法人登記簿の謄本ですか。
リー：いえ、それはちゃんとありました。足りないのは会社の決算書です。
田口：決算書？　おかしいなあ。決算書は確かに封筒に入れたはずですが……。
リー：でも、見つからなくて……。決算書がないと、ビザが出せないそうです。
田口：そうですよね。とにかく、すぐに送りますから。
リー：あ、でも時間がないので、ウェブサイトからダウンロードしたものでも、特別に受け取ってくれるそうです。でも、ちょっとサイトが探せないんです……。
田口：じゃ、すぐにこちらからメールでURLを知らせます。
リー：ありがとうございます。

第2章

Unit 1 ——Track 10

リーさんが大沢さんに自己紹介しています。

リー　：すみません、ちょっとよろしいですか。
大沢　：はい、何か。
リー　：私、リーと申します。本日よりこちらでお世話になります。よろしくお願いいたします。

【聞き取り練習】スクリプト

大沢：新入社員の方ですね。私は上級SEの大沢です。よろしく。
リー：大沢さんですね。
大沢：そうです。リーさん、ご出身はどちらですか。
リー：中国の大連です。
大沢：大連ですか。日本の企業がたくさん進出していますよね。大連では、どんな言語で開発していたんですか。
リー：PHPが多かったですが、最近はJavaの仕事が多くなってきましたね。
大沢：なるほど。では、OSは？　こちらはUNIXの仕事が多いんですが、大丈夫ですか。
リー：UNIXで動くアプリは、今までもたくさん作ってきました。
大沢：そうですか。データベースは？　こちらでは、オラクルのものが多いんですが。
リー：オラクルはまだ勉強中です。PostgreSQLならだいたいわかるんですが。
大沢：じゃあ、すぐ慣れるでしょう。PostgreSQLはどんなシステムで使ったんですか。
リー：食品会社のオンラインショップなんかで使っていました。
大沢：そうですか。じゃあ、うちのプロジェクトでも大丈夫ですね。でも、何かあったら、いつでも聞いてください。
リー：ありがとうございます。よろしくお願いします。

Unit 2 ——Track 12
大沢さんとラジュさんが話しています。

大沢：ラジュさん、ちょっといいですか。
ラジュ：はい。
大沢：内部設計書、届いていますよ。
ラジュ：あ、はい。これを読むんですね。いつまでですか。
大沢：明日から実装だから、今日中に読んでおいた方がいいんじゃないかな。
ラジュ：え、今日中ですか。実は私、話すのは大丈夫なんですが、読むのは苦手で……。
大沢：じゃあ、今週中ぐらいには読めそうですか。
ラジュ：はい、それなら何とかできると思います。
大沢：でも、実装はスケジュールどおりに始まりますから、とりあえず最初の方は読んでおいてくださいね。
ラジュ：わかりました。知らない言葉があったらお聞きしてもいいですか。
大沢：もちろん。でも、まずは辞書を見てくださいね。辞書にない言葉は、私に聞けばいいですから。
ラジュ：ありがとうございます。よろしくお願いします。

Unit 3 ——Track 14
ラジュさんが新山さんと話しています。

ラジュ：新山さん、ちょっと時間ありますか。
新山：あ、はい。
ラジュ：実は、外部設計書を読んでいるんですが、辞書を見てもわからない言葉があって。これなんですが……。
新山：ああ、「親クラス」ですね。これはね、継承する基のクラスっていうことです。

ラジュ：え、けいしょう、ですか。うーん……。
新山：例えば、そうだなあ……ルートクラスってわかります？
ラジュ：はい、わかります。
新山：ルートクラスには親クラスがないんですよ。
ラジュ：ん？　ということは、親クラスってスーパークラスのことですか。
新山：あ、そうそう。英語で言うとスーパークラスです。
ラジュ：じゃあ、子クラスっていうのはサブクラスのことですね。
新山：その通りです。

Unit 4 ——Track 16
大沢さんとリーさんが話しています。

大沢：リーさん、今、いいですか。
リー：はい、大丈夫です。
大沢：詳細設計書ができたので、リーさんは顧客管理モジュールの取引履歴のところをお願いします。
リー：わかりました。顧客管理モジュールの、取引履歴ですね。
大沢：そうです。顧客管理系の開発はしたことがありますか。
リー：はい。中国にいたときに、顧客関連モジュールに関わったことがあります。
大沢：じゃ、安心ですね。ただ、今回は帳票の仕様に変更が出そうなので、帳票出力は最後にしてください。
リー：わかりました。帳票出力以外から始めるんですね。締め切りはいつですか。
大沢：今月中にお願いします
リー：今月中ですね。わかりました。

Unit 5 ——Track 18
リーさんと大沢さんが話しています。

リー：大沢さん、ちょっとお聞きしたいことがあるんですが……。
大沢：はい、何でしょう。
リー：実は今、内部設計書を書いているんですが、日本語を見ていただけませんか。
大沢：ああ、いいですよ。国語辞典とかは見ました？
リー：はい、一応、見ながら書きました。
大沢：そうですか。どれどれ。えーっと、この「お客さま」っていうのはシステムの発注者のことじゃないですよね。
リー：あ、それは、このシステムで管理するお客さまです。
大沢：それじゃ、「顧客」っていうのが普通ですね。
リー：あ、そうですね。
大沢：外部設計書でもそうなっていると思いますよ。見ました？
リー：あ、まだです。うっかりしてました。
大沢：「顧客」で間違いないと思いますけど、念のため、確認しておいてください。
リー：わかりました。ありがとうございます。
大沢：いえいえ。ほかにもありそうだから、午後のミーティングの後で、また見てあげますよ。

リー：ありがとうございます。よろしくお願いします。

Unit 6 —— Track 20
リーさんと大沢さんが話しています。
大沢：リーさん、悪いニュースです。
リー：もしかして……仕様変更ですか。
大沢：その通りです。金額のデータ型を、倍精度実数型にしたいそうです。
リー：それだと、テストの仕様も変えなくてはなりませんね。
大沢：そうですね。
リー：でも、テストデータももう作ってしまいましたし……。納期は延びるんですか。
大沢：いや、契約通りです。
リー：それはちょっと……。今だってほとんど家に帰っていないんです。
大沢：気持ちはわかりますが、やるしかないんです。テストの日程は1日だけ延ばしてもいいですから、がんばってください。
リー：わかりました……。

Unit 7 —— Track 22
ラジュさんと大沢さんが話しています。
ラジュ：大沢さん、すみません。発注データ処理のモジュールなんですが、ようやく単体テストが終わりました。
大沢：ああ、終わりましたか。まあ、1日しか遅れていないので、まだ取り返せるでしょう。
ラジュ：はい、がんばります。それと、ソースはサブバージョンにチェックインしておきました。
大沢：ありがとう。では、新山さんにもそう伝えておきます。
ラジュ：次はどのモジュールを作りましょうか。
大沢：勘定コード表をお願いします。勘定コード体系編集モジュールが依存していますので。
ラジュ：わかりました。では、すぐに始めます。
大沢：よろしく。

Unit 8 —— Track 24
ラジュさんと井出さんが話しています。
井出：ラジュさん、どのぐらい進んでいますか。
ラジュ：最初のモジュールは、試験項目が2割ほど残っているだけです。
井出：そうですか。早いですね。
ラジュ：モジュールはあと二つありますが、それほど時間はかからないと思います。
井出：全部終わるのに、どのぐらい掛かりそうですか。
ラジュ：予定より三日ぐらい早く終われると思います。
井出：それはよかった。何か問題はありませんか。
ラジュ：実はビジュアルスタジオのメニューがわかりにくくて少し困っているんですが、でも、まあ、すぐに慣れると思います。
井出：そうですね。ラジュさんなら大丈夫ですよ。でも、どうしてもわからないところは言ってく

ださいね。
ラジュ：はい、お願いします。

Unit 9 ——Track 26
ラジュさんと井出さんが話しています。
ラジュ：井出さん、ちょっとよろしいですか。
　井出：はい、何でしょうか。
ラジュ：実は、少し遅れが出そうで……。
　井出：先週は風邪で二日も休みましたからね。どのぐらい遅れそうですか。
ラジュ：週末までの締め切りを、週明けにしていただければ助かります。
　井出：土日も働くんですか。体調はもういいの？
ラジュ：まだよくないんですが、私の責任ですから。
　井出：いや、週末はよく休んでください。締め切りは水曜日まで延ばせますから。
ラジュ：すみません、助かります。
　井出：でも、今後は体調管理をしっかりやってくださいね。
ラジュ：わかりました。気を付けます。

Unit 10 ——Track 28
ラジュさんと大沢さんが話しています。
ラジュ：大沢さん、ちょっとよろしいですか。
　大沢：はい。
ラジュ：ようやくできました。
　大沢：お疲れさま。
ラジュ：1日遅れてしまいまして、申し訳ありません。
　大沢：いや、体調が悪かったのに、よくがんばりましたよ。担当は仕入管理でしたよね。テスト結果報告書とバグ票をお願いします。
ラジュ：はい。こちらです。
　大沢：あれ？　発注データ処理は？
ラジュ：発注データ処理はリーさんがやってくれました。
　大沢：ああ、そうそう。そうでしたね。じゃ、次は結合テストなので、とりあえずテスト仕様書を読んでおいてください。
ラジュ：はい。
　大沢：それから、結合テスト結果報告書とバグ票の書式は後でメールで送ります。結合テストの後で持ってきてください。
ラジュ：わかりました。

Unit 11 ——Track 30
大沢さんとラジュさんが話しています。
　大沢：ラジュさん、いますか。
ラジュ：はい。

大沢：あ、ラジュさん。ラジュさんは確か、在庫管理の担当でしたよね。
ラジュ：はい、そうです。
大沢：実は今、販売管理との結合テストをしているんですが、予想したデータが出てこないときがあるんですよ。
ラジュ：そうなんですか。
大沢：で、確認したいんですが、出荷データの個数は整数型にしていますよね。
ラジュ：はい、そうしています。
大沢：ショート？　ロング？
ラジュ：ショートです。
大沢：ああ、やっぱり。そこはロングにしておいてください。
ラジュ：え、ロングですか。仕様書でもそうなっていましたっけ。
大沢：そのはずですよ。
ラジュ：すみません。すぐ直します。ええっと、つまり、出荷データの個数を64ビットまで扱えるようにするということですよね。
大沢：そのとおりです。よろしく。

Unit 12 ——Track 32

大沢さんとリーさんが話しています。

大沢：リーさん、デバッグは終わりましたか。
リー：あ、はい、終わりました。
大沢：回帰テストは？
リー：今やっているところです。もう少しで終わります。
大沢：そうですか。じゃ、まだクリアケースにはコミットしていないんですね。
リー：ええ、まだです。終わったらすぐに入れます。
大沢：よろしく。それから、まだいくつかのモジュールで結合テストが終わっていないんですが、来週にはシステムテストに入ります。
リー：はい。あ、私はストレステストの担当でしたっけ。
大沢：いえ、ストレステストはラジュさんです。リーさんには文書テストをしてもらいます。
リー：わかりました。もうユーザーマニュアルはできているんですか。
大沢：できていますよ。その後で管理者用マニュアルも見てもらいます。後で両方とも渡しますので。
リー：わかりました。

Unit 13 ——Track 34

リーさんとラジュさんが話しています。

リー：ラジュさん、おはようございます。
ラジュ：あ、リーさん。おはようございます。
リー：実は、文書テストをしているところなんですが、私が書いたエラーメッセージが管理者用マニュアルの表記とちょっと違っていたんですよ。
ラジュ：そうですか。あ、今すぐ直したいですか？
リー：いえ、まだユーザーマニュアルの方が終わっていないので、その後でもいいです。

ラジュ：それはよかった。こちらは同期エラーが出ているんですが、まだちょっと原因が特定できなくてねえ。
リー：じゃあ、いつ終わるかわかりませんよね。
ラジュ：そうですねえ……。あ、終わったら携帯で教えますよ。
リー：ありがとうございます。
ラジュ：もし終わらなくても、とりあえず今日は帰る前にチェックインしておきますよ。
リー：じゃあ、こちらは明日の朝一で直すことにします。
ラジュ：そう？　でも一応、もっと早くデバッグできたら電話しますね。
リー：はい。お待ちしてます。

Unit 14 ——Track 36
大沢さんとラジュさんが話しています。
大沢：ラジュさん、システムテストが終わりましたよ。来週からユーザー教育が始まります。
ラジュ：はい。私はどんなことを担当しますか。
大沢：販売管理のところを顧客に説明してもらいます。
ラジュ：顧客に私が説明するんですね。説明にはパワーポイントを使ったりするんですか。
大沢：はい。パワーポイントと、実際のシステムの画面を入れ替えながら説明します。
ラジュ：パワーポイントでは特別なフォーマットを使うんですか。
大沢：はい。後でメールで送ります。
ラジュ：ありがとうございます。説明用のスライドを作ったら、一度見てもらえますか。
大沢：もちろん。スライドはいつまでにできますか。
ラジュ：明日までにはできると思います。
大沢：じゃあ、あさっての午前中に見てみましょう。パワーポイントのスライドだけではなくて、実際の説明も練習が必要ですから、見てあげますよ。
ラジュ：ありがとうございます。よろしくお願いいたします。

Unit 15 ——Track 38
ラジュさんがユーザーの前でプレゼンテーションをしています。
ラジュ：では、仕入データの追加方法をご説明いたします。まず、仕入年月日の欄は、インストールしたパソコンの内部時計を参照していますので、時計が間違って設定されていると、正しく表示されません。ご注意ください。次の仕入先名の欄は、プルダウンメニューの中から選ぶことができます。このリストは仕入先マスタを参照していますので、マスタが間違っていますと、こちらも正しく表示されません。次に……（※中略）そして最後に、仕入の入力が終わったら、伝票を発行します。見積依頼書の場合は「見積依頼印字」ボタン、受領書の場合は「受領印字」ボタンを押してください。そして最後に「登録」ボタンを押すと、この仕入先の入力が終わり、他の仕入先のデータを入力することができます。以上で、仕入データ追加の説明を終わります。

〈やってみよう!〉解答と解説

第1章

Unit 1 —— p.14
〈正解〉2

1は「私たちと一緒に」があるので誘いです。3と4の「～てみませんか」は相手のためにアドバイスするときにも使いますが、基本的には誘いの表現です。

Unit 2 —— p.18
〈正解〉2

中心になる動詞の主語を考えてみましょう。「私が使う」「デバッグが終わる」「私が書く」「私が払う」と、2以外は全部「私」が主語になります。

Unit 3 —— p.22
解答省略

Unit 4 —— p.26
〈正解〉4

「あります」の大きな特徴は、他動詞なのに「を」を使わないという点です。また、「あります」は準備が終わっている場合に、「おきます」はこれから準備する場合に使います。1～5の中で「を」を使っているのは4で、4には「明日」もありますね。

Unit 5 —— p.30
〈正解〉1

2～4では動詞の「～ます」の代わりに「～そう」が使われていますが、1は「た」の形に続いて「そう」が使われています。人から聞いたという意味の「そう」は、辞書形・た形・ない形などに続いて使われます。

第2章

Unit 1 —— p.36
〈正解〉1・2・4・5・7・8がA、3・6がB。

3と6は仕事にあまり関係がないので、特に必要ではありません。ただし、通勤に時間がかかって困っているときは「～から通っています」などと言ってもいいですし、外資系の会社なら使える外国語を言ってもいいでしょう。

Unit 2 —— p.40
〈正解〉3

まず最初に、自分1人で解決する方法を考えてみましょう。この問題では、3以外はすべて、ほかの人が答えることになります。IT用語を集めたサイトもいくつかあるので、使いやすいものをブックマークしておくと便利でしょう。

Unit 3 —— p.44
〈正解〉1
「入力」は「出力」の反対語です。2は業務の順番を、3はその言葉の定義を使って確認しています。4は英語を使った確認です。

Unit 4 —— p.48
〈正解〉3
「予算」というのは、その仕事に使えるお金のことを言います。しかし、お金を管理するのはプログラマーよりも立場が上の人たちですから、担当業務を知らされたときに確認する必要はありません。

Unit 5 —— p.52
〈正解〉① … A
p51の英文解説をもう一度読んでみましょう。
② … D
助けてもらったときは、A・B・Cのようにお礼かお詫びで答えます。Aの「助かります」は「ありがとうございます」と同じで、お礼の言葉です。

Unit 6 —— p.57
〈正解〉2
1や4のように攻撃的な発言はしないほうがいいでしょう。また、3のような発言も、ほかのメンバーから協力的ではないとか協調性がないと批判されるでしょう。

Unit 7 —— p.60
〈正解〉2
アマゾンにも検索機能はありますが、これはアマゾンのサイト内だけが対象ですから、検索エンジンとは言いません。なお、「グー（goo）」は日本の検索エンジンです。

Unit 8 —— p.64
〈正解〉2
それぞれをパーセントで示すと、1は100％、3は50％、4は40％ですが、2は80％と思う人も、95％と思う人もいるでしょう。つまり、これは客観的な表現ではありません。

Unit 9 —— p.68
〈正解〉3
改札の近くで遅延証明書が配られることもありますので、それを会社で提出しましょう。4は、まだ信頼性の低いツールを自分の判断で取り入れたのですから、自分の責任です。

Unit 10 —— p.72
〈正解〉5
まず設計してからソフトウェアを作り、完成したらテストします。作った後で設計したり、作る前にテストをしたりすることはできません。

Unit 11 ——p.76
〈正解〉3
　プログラミング言語によってデータ型の名前は違いますが、Java の場合は文字型は char（チャー、キャラ）、倍精度実数型は double（ダブル）、長精度整数型は long（ロング）とも呼ばれています。

Unit 12 ——p.80
〈正解〉1
　2～4は、何かを必要としている人が、それを持っている人に「ありますか」と質問しています。しかし、1のプロジェクトマネージャーはバグを必要としているわけではありません。

Unit 13 ——p.84
〈正解〉2
　ブラックボックステストは、ソフトウェアの中身に関係なく、入力と出力だけでテストする方法です。この文脈では中身も見ながらテストをするので、場合によって1、3、4のように確認する可能性はあります。

Unit 14 ——p.88
〈正解〉2と4
　「先に～する」の形を取っている場合は、時間的には「前」の意味になります。

Unit 15 ——p.92
〈正解〉4
　1は物の移動が始まった場所で、2と3はアクセス（情報の移動）が始まった場所です。4の「から」は、作業の順番を表しています

第3章

Unit 1 ——p.98
問1
〈正解〉1
　売上データにある販売員コードは、販売員ごとの売上を調べるときに使いますが、優良顧客の検索にはほとんど関係がありません。販売員ごとの売上が分かることによって、売上の多い販売員の給料を高くしたりすることができます。

問2
〈正解〉3
　最終購買日は問わないということは、売上日時を検索しなくていいということです。商品コードは商品マスターから価格を参照するときに必要ですし、その価格に売上数量をかけて、全部合計すると累計購買金額が分かります。

問3
〈正解〉4
　顧客を探すのですから顧客 ID は必要です。「冷凍とんかつ」を買った客を探すには商品コードが

必要です。その顧客の中から一年以内に買った顧客をさがすには売上日時が必要です。しかし、いくつ買った顧客でもいいので、売上数量は必要ありません。

Unit 2 —— p.102

問1
〈正解〉3
与信を判断するときはその取引先への売掛金と、その取引先の与信限度を比べます。そのためには売掛金のテーブルや与信限度のテーブルでは取引先IDで検索します。

問2
〈正解〉2
商品マスターは商品コード、商品名、価格、仕入先などで構成されることが多いようです。

問3
〈正解〉4
ただし、問2、問3の両方とも、一般的な名前ではありますが、そのように名前を付けなければならないという規格があるわけではありません。

Unit 3 —— p.106

問1
〈正解〉4
引当を行なうということは、今ある在庫の数から、今回受注した数を引くということです。そして、その結果が発注点より多いか少ないかを比べます。

問2
〈正解〉3
まず、検索キーが商品コードになっていますし、ユーザーに見せるのが商品名ですから、これも必要です。そして、一つか、それ以上かを調べるために仕入先も参照します。

問3
〈正解〉4
倉庫と店舗が一つずつしかないということは、移動するルートがその倉庫と店舗の間しかないということになります。また、売れ残りを倉庫に戻すこともないので、移動の方向も倉庫から店舗だけです。

索引

日本語	読み	掲載ページ
あ		
アーカイブ	あーかいぶ	81
アイコン	あいこん	98
IC タグ	あいしーたぐ	107
IT 省	あいてぃーしょう	31
IP アドレス	あいぴーあどれす	31
アウトプット	あうとぷっと	45
上がる	あがる	69
秋葉原	あきはばら	15
アクセサリ	あくせさり	61
アクセス	あくせす	31
朝寝坊	あさねぼう	69
あたたかい	あたたかい	15
穴	あな	93
アニメーション	あにめーしょん	89
Apache Derby	あぱっちだーびー	37
アマゾン	あまぞん	61
あやふや	あやふや	41
粗利表	あらりひょう	103
案件	あんけん	23
安全在庫量	あんぜんざいこりょう	107
安全第一	あんぜんだいいち	69
ER 図	いーあーるず	45
EMS	いーえむえす	31
言い換える	いいかえる	45
e- コマース	いーこまーす	23
イーマックス	いーまっくす	65
～以外	いがい	49
移行	いこう	89
移行テスト	いこうてすと	81
維持する	いじする	57
依存先	いぞんさき	69
（～に）依存する	いぞんする	61
委託売上	いたくうりあげ	103
一応	いちおう	53
一次	いちじ	19
一括請求	いっかつせいきゅう	99
一般教養	いっぱんきょうよう	27
一般的	いっぱんてき	49
移動元	いどうもと	106
～以内	いない	99
違反する	いはんする	57
依頼	いらい	49
入れ替える	いれかえる	89
印刷	いんさつ	93
印字	いんじ	93
インスタンス	いんすたんす	45
インストール	いんすとーる	69
インストールマニュアル	いんすとーるまにゅある	85
インターネット	いんたーねっと	15
インターフェース	いんたーふぇーす	45
インド	いんど	15
インフォシーク	いんふぉしーく	61
インプット	いんぷっと	45
ウィキペディア	うぃきぺでぃあ	53
ウィンドウ	うぃんどう	65
Windows	うぃんどうず	37
うーん	うーん	27
ウエアラブルコンピューティング	うえあらぶるこんぴゅーてぃんぐ	27
ウェブサイト	うぇぶさいと	15
受取手形	うけとりてがた	103
受取方法	うけとりほうほう	99
うちの～	うちの	31
売上	うりあげ	61
売上一覧	うりあげいちらん	103
売上集計表	うりあげしゅうけいひょう	103
売上順位表	うりあげじゅんいひょう	103
売上数量	うりあげすうりょう	98
売上伝票	うりあげでんぴょう	103
売上日時	うりあげにちじ	98
売上入力	うりあげにゅうりょく	103
売上返品	うりあげへんぴん	103
売上明細表	うりあげめいさいひょう	103
売掛金	うりかけきん	77
売掛金回収	うりかけきんかいしゅう	103
売掛金残高	うりかけきんざんだか	103
売れ残る	うれのこる	106
上書き	うわがき	45
運送会社	うんそうがいしゃ	107
運用テスト	うんようてすと	57
影響	えいきょう	93
（～に）影響が出る	えいきょうがでる	57
英和辞典	えいわじてん	53
API	えーぴーあい	45
エクストリームプログラミング	えくすとりーむぷろぐらみんぐ	89
エクセル	えくせる	89
エクリプス	えくりぷす	27
SE	えすいー	37
SNS	えすえぬえす	41
SQLite	えすきゅーらいと	37
エディタ	えでぃた	65
FTP	えふてぃーぴー	31
MS SQL	えむえすえすきゅーえる	37
エラー	えらー	77
エラーメッセージ	えらーめっせーじ	85
LMS	えるえむえす	37
エンジニア	えんじにあ	15
エンティティ	えんてぃてぃ	45
遠慮なく	えんりょなく	45
応募	おうぼ	19
応募採用管理	おうぼさいようかんり	77
応用	おうよう	69
応用研究	おうようけんきゅう	27
OS	おーえす	37
オーバーライト	おーばーらいと	45
オープン系	おーぷんけい	23
お客さま	おきゃくさま	27
送り状	おくりじょう	103
遅れ	おくれ	69
お世話になる	おせわになる	37
お尋ねする	おたずねする	19
落ちる	おちる	65
お疲れさまでした	おつかれさまでした	61
落とす	おとす	65
オフィス	おふぃす	15

語	読み	ページ
オブジェクト型	おぶじぇくとがた	77
オフショア	おふしょあ	23
オペレーションデモ	おぺれーしょんでも	89
オペレーションマニュアル	おぺれーしょんまにゅある	85
（ソフトウェアが）重い	おもい	65
親クラス	おやくらす	45
Oracle	おらくる	23
お礼	おれい	53
御社	おんしゃ	19
オンラインゲーム	おんらいんげーむ	15
オンラインショップ	おんらいんしょっぷ	23
オンラインスクール	おんらいんすくーる	27
オンラインヘルプ	おんらいんへるぷ	81

か

語	読み	ページ
カード番号	かーどばんごう	99
カード有効期限	かーどゆうこうきげん	99
海外	かいがい	15
買掛金	かいかけきん	73
買掛金管理	かいかけきんかんり	77
回帰テスト	かいきてすと	81
会計	かいけい	49
会計管理	かいけいかんり	73
解決	かいけつ	53
解決方法	かいけつほうほう	41
介護ロボット	かいごろぼっと	27
該当する	がいとうする	98
開発	かいはつ	15
開発言語	かいはつげんご	37
回復する	かいふくする	27
外部仕様書	がいぶしようしょ	45
外部設計書	がいぶせっけいしょ	41
（〜を）返す	かえす	106
価格	かかく	106
（〜に）関わる	かかわる	23
確認	かくにん	53
確認ウィンドウ	かくにんうぃんどう	85
確保	かくほ	103
肩書	かたがき	99
（PCが）固まる	かたまる	65
活躍する	かつやくする	15
〜かなあ	かなあ	89
かなり	かなり	41
画面	がめん	27
画面レイアウト	がめんれいあうと	57
科目	かもく	19
空メール登録	からめーるとうろく	99
〜側	がわ	77
環境	かんきょう	27
勘定系システム	かんじょうけいしすてむ	37
間接的に	かんせつてきに	53
管理	かんり	49
管理者	かんりしゃ	53
管理者用マニュアル	かんりしゃようまにゅある	81
完了	かんりょう	102
関連	かんれん	19
キーボード	きーぼーど	69
規格	きかく	45
基幹系システム	きかんけいしすてむ	27
企業	きぎょう	15
期限	きげん	41
期首在庫数	きしゅざいこすう	107
技術	ぎじゅつ	15
技術コンサルティング	ぎじゅつこんさるてぃんぐ	15
基礎	きそ	23
基礎研究	きそけんきゅう	27
既存顧客	きぞんこきゃく	99
きつい	きつい	69
機能	きのう	49
機能テスト	きのうてすと	81
厳しい	きびしい	41
気分転換	きぶんてんかん	69
希望	きぼう	27
基本クラス	きほんくらす	45
基本的	きほんてき	23
期末在庫数	きまつざいこすう	107
機密保護テスト	きみつほごてすと	81
客観的	きゃっかんてき	65
キャッシュフロー計算書	きゃっしゅふろーけいさんしょ	31
キャラクタ	きゃらくた	77
キャリア	きゃりあ	23
休日出勤	きゅうじつしゅっきん	69
求人	きゅうじん	15
求人ポスター	きゅうじんぽすたー	19
休眠顧客	きゅうみんこきゃく	99
給与	きゅうよ	77
強化	きょうか	23
業務	ぎょうむ	23
許可する	きょかする	19
切り出し方	きりだしかた	53
金額	きんがく	57
銀行口座	ぎんこうこうざ	99
銀行口座タイプ	ぎんこうこうざたいぷ	99
銀行振込	ぎんこうふりこみ	99
緊張	きんちょう	27
勤務先電話番号	きんむさきでんわばんごう	99
金融系	きんゆうけい	23
グーグル	ぐーぐる	61
区分	くぶん	106
クラウドコンピューティング	くらうどこんぴゅーてぃんぐ	23
クラス	くらす	45
クリアケース（ソフト名）	くりあけーす	61
繰越売掛金残高	くりこしうりかけきんざんだか	103
クリック	くりっく	93
グリッドコンピューティング	ぐりっどこんぴゅーてぃんぐ	23
くれぐれも	くれぐれも	41
クレジットカード	くれじっとかーど	99
クレジット限度額	くれじっとげんどがく	99
（データ）クレンジング	くれんじんぐ	89
加える	くわえる	98
経験を積む	けいけんをつむ	23
警告	けいこく	102
警告ウィンドウ	けいこくうぃんどう	85
継承	けいしょう	45
敬称	けいしょう	99
携帯電話	けいたいでんわ	85
経理	けいり	49

さくいん

結合テスト	けつごうてすと	61
決算書	けっさんしょ	31
月次売上推移表	げつじうりあげすいいひょう	103
欠品	けっぴん	107
月末締め	げつまつじめ	103
原因	げんいん	69
研究所	けんきゅうじょ	23
現金	げんきん	99
権限	けんげん	49
検索	けんさく	49
検索結果	けんさくけっか	98
現実的	げんじつてき	27
現状では	げんじょうでは	106
現地	げんち	19
限度額	げんどがく	102
現場	げんば	27
検品	けんぴん	107
堅牢	けんろう	23
合格	ごうかく	19
航空会社	こうくうがいしゃ	37
航空便	こうくうびん	31
貢献	こうけん	23
広告配信	こうこくはいしん	99
更新	こうしん	49
構成テスト	こうせいてすと	81
構築	こうちく	27
工程	こうてい	53
購買履歴	こうばいりれき	99
広報	こうほう	23
超える	こえる	102
声をかける	こえをかける	53
コーディング	こーでぃんぐ	65
コード	こーど	19
コードウォーリア	こーどうぉーりあ	65
小切手	こぎって	99
顧客	こきゃく	49
顧客コード	こきゃくこーど	99
顧客第一	こきゃくだいいち	69
顧客番号	こきゃくばんごう	99
国語辞典	こくごじてん	53
国産	こくさん	98
子クラス	こくらす	45
固定小数点	こていしょうすうてん	77
誤入力	ごにゅうりょく	102
コピーする	こぴーする	73
個別請求	こべつせいきゅう	99
困る	こまる	57
コミット	こみっと	61
ご覧になる	ごらんになる	15
壊す	こわす	57
(データ)コンバート	こんばーと	89
コンパイル	こんぱいる	65
コンパイル時エラー	こんぱいるじえらー	85
コンビニ受取	こんびにうけとり	99
コンビニ支払	こんびにしはらい	99

さ

サーバー	さーばー	31
サービス	さーびす	27

在庫	ざいこ	49
在庫移動	ざいこいどう	106
在庫移動指示書	ざいこいどうしじしょ	107
在庫回転日数	ざいこかいてんにっすう	107
在庫回転率	ざいこかいてんりつ	107
在庫管理	ざいこかんり	73
在庫切れ	ざいこぎれ	107
在庫調整	ざいこちょうせい	107
在庫引当	ざいこひきあて	106
在庫不足	ざいこぶそく	102
在庫補充	ざいこほじゅう	106
最終購買日	さいしゅうこうばいび	98
最小在庫量	さいしょうざいこりょう	107
最新	さいしん	23
最新受注日	さいしんじゅちゅうび	99
最新版	さいしんばん	81
最先端	さいせんたん	23
最大在庫量	さいだいざいこりょう	107
最適	さいてき	23
サイト	さいと	23
採用	さいよう	19
先	さき	89
作業	さぎょう	49
作成	さくせい	61
サブクラス	さぶくらす	45
サブバージョン(ソフト名)	さぶばーじょん	61
残業	ざんぎょう	57
残業代	ざんぎょうだい	57
参考書	さんこうしょ	65
参照	さんしょう	77
シアトル	しあとる	15
CRM	しーあーるえむ	37
CVS(ソフト名)	しーぶいえす	61
C++	しーぷらすぷらす、しーぷらぷら	37
仕入	しいれ	49
仕入管理機能	しいれかんりきのう	73
仕入先	しいれさき	93
ジェービルダー	じぇーびるだー	65
資格	しかく	19
(動詞+)しかない	しかない	69
試験項目	しけんこうもく	65
事故	じこ	69
持参	じさん	89
指示する	しじする	49
支社	ししゃ	15
辞書	じしょ	41
自信	じしん	41
システム	しすてむ	23
システムアナリスト	しすてむあなりすと	23
システム開発	しすてむかいはつ	37
システムテスト	しすてむてすと	57
自然な	しぜんな	102
自宅	じたく	99
自宅電話番号	じたくでんわばんごう	99
下回る	したまわる	107
しっかり	しっかり	69
実技	じつぎ	27
実現	じつげん	27
実際	じっさい	89
実数	じっすう	57

語	読み	ページ
実数型	じっすうがた	77
実績	じっせき	49
実装	じっそう	41
実装クラス	じっそうくらす	45
実体	じったい	45
実は	じつは	45
実用化	じつようか	27
実用的	じつようてき	23
自動的	じどうてき	93
自動返信	じどうへんしん	99
支払	しはらい	49
支払通知書	しはらいつうちしょ	103
支払方法	しはらいほうほう	99
支払予定	しはらいよてい	103
自負する	じふする	23
渋谷	しぶや	15
絞り込む	しぼりこむ	98
氏名	しめい	99
氏名読み	しめいよみ	99
締め切り	しめきり	49
示す	しめす	98
締め日	しめび	103
社員立替	しゃいんたてかえ	103
社則	しゃそく	41
Java	じゃば	27
上海	しゃんはい	19
週明け	しゅうあけ	41
習慣	しゅうかん	23
従業員	じゅうぎょういん	49
従業員管理	じゅうぎょういんかんり	57
住所	じゅうしょ	99
修正	しゅうせい	81
集中する	しゅうちゅうする	31
柔軟	じゅうなん	23
週末	しゅうまつ	69
重要	じゅうよう	61
主キー	しゅきー	57
受注	じゅちゅう	49
受注一覧	じゅちゅういちらん	103
受注伝票	じゅちゅうでんぴょう	103
受注入力	じゅちゅうにゅうりょく	103
受注明細表	じゅちゅうめいさいひょう	103
出荷	しゅっか	61
出荷一覧	しゅっかいちらん	103
出荷依頼	しゅっかいらい	103
出荷依頼一覧	しゅっかいらいいちらん	103
出荷依頼書	しゅっかいらいしょ	103
出荷依頼入力	しゅっかいらいにゅうりょく	103
出荷処理	しゅっかしょり	103
出荷入力	しゅっかにゅうりょく	103
出庫	しゅっこ	107
出庫数量	しゅっこすうりょう	107
出庫日	しゅっこび	107
出庫明細	しゅっこめいさい	107
出身	しゅっしん	15
出張	しゅっちょう	53
出力	しゅつりょく	49
需要予測	じゅようよそく	107
受領	じゅりょう	93
順調	じゅんちょう	31
順番	じゅんばん	49
準備	じゅんび	27
仕様	しよう	57
照会	しょうかい	99
障害	しょうがい	53
障害回復テスト	しょうがいかいふくてすと	81
消化売上	しょうかうりあげ	103
上級 SE	じょうきゅうえすいー	37
状況	じょうきょう	53
条件網羅テスト	じょうけんもうらてすと	85
詳細	しょうさい	15
詳細設計書	しょうさいせっけいしょ	49
上司	じょうし	19
商社	しょうしゃ	27
商習慣	しょうしゅうかん	23
仕様書	しようしょ	77
少々	しょうしょう	19
商品	しょうひん	49
商品価格表	しょうひんかかくひょう	103
商品コード	しょうひんこーど	103
商品別売上	しょうひんべつうりあげ	103
情報	じょうほう	19
情報産業部	じょうほうさんぎょうぶ	19
情報処理技術者試験	じょうほうしょりぎじゅつしゃしけん	19
抄本	しょうほん	31
証明書	しょうめいしょ	31
商用	しょうよう	27
将来	しょうらい	27
ショート	しょーと	77
初回受注日	しょかいじゅちゅうび	99
職位	しょくい	37
職業	しょくぎょう	99
職種	しょくしゅ	37
食品会社	しょくひんがいしゃ	37
女性	じょせい	99
所属会社	しょぞくがいしゃ	99
処理	しょり	61
書類	しょるい	19
シリコンバレー	しりこんばれー	15
資料	しりょう	19
仕訳帳	しわけちょう	77
人員	じんいん	57
新規顧客	しんきこきゃく	99
シングル	しんぐる	77
人事部	じんじぶ	19
新宿	しんじゅく	15
親戚	しんせき	19
進捗	しんちょく	65
進捗度	しんちょくど	65
進捗表	しんちょくひょう	41
侵入	しんにゅう	93
心配	しんぱい	53
Symbian OS	しんびあんおーえす	37
シンプル	しんぷる	19
信頼性テスト	しんらいせいてすと	81
推測	すいそく	41
数値型	すうちがた	57
スーパークラス	すーぱーくらす	45
数量	すうりょう	93

さくいん

語	読み	頁
スキャナー	すきゃなー	93
スケジュール	すけじゅーる	41
進む	すすむ	31
スターチーム（ソフト名）	すたーちーむ	61
スタックオーバーラン	すたっくおーばーらん	85
スタブ	すたぶ	69
ストリング	すとりんぐ	77
ストレステスト	すとれすてすと	81
スライドショー	すらいどしょー	89
スループット	するーぷっと	77
～すればいい	すればいい	41
成果物	せいかぶつ	73
請求	せいきゅう	49
請求書	せいきゅうしょ	49
制御系システム	せいぎょけいしすてむ	27
制御システム	せいぎょしすてむ	37
製作	せいさく	15
生産	せいさん	77
整数型	せいすうがた	77
生鮮食料品	せいせんしょくりょうひん	106
製造業	せいぞうぎょう	37
性別	せいべつ	99
セキュリティーテスト	せきゅりてぃーてすと	85
セキュリティーホール	せきゅりてぃーほーる	93
席を外す	せきをはずす	41
設計	せっけい	27
接続	せつぞく	49
設定	せってい	77
設定画面	せっていがめん	57
前月在庫数	ぜんげつざいこすう	107
潜在顧客	せんざいこきゃく	99
先進	せんしん	23
選択する	せんたくする	98
前年同月比	ぜんねんどうげつひ	103
増員	ぞういん	69
倉庫	そうこ	107
倉庫コード	そうここーど	107
送付先	そうふさき	103
ソース	そーす	27
ソースコード	そーすこーど	61
その調子で	そのちょうしで	65
そのとおり	そのとおり	49
ソフト	そふと	15
損益	そんえき	61
損益計算書	そんえきけいさんしょ	31

た

語	読み	頁
代金引換	だいきんひきかえ	99
体系	たいけい	61
体験	たいけん	89
大使館	たいしかん	31
貸借	たいしゃく	61
貸借対照表	たいしゃくたいしょうひょう	31
対照	たいしょう	61
体調管理	たいちょうかんり	69
代引	だいびき	99
大容量テスト	だいようりょうてすと	81
ダイレクトメール（DM）	だいれくとめーる	98
大連	だいれん	19
ダウンする	だうんする	27
ダウンロード	だうんろーど	15
宅配便受取	たくはいびんうけとり	99
助かる	たすかる	53
（～に）携わる	たずさわる	23
宅急便	たっきゅうびん	103
タックシール	たっくしーる	99
棚卸し	たなおろし	107
頼もしい	たのもしい	27
ダブル	だぶる	77
単価	たんか	93
段階	だんかい	65
（～の）段階に入る	だんかいにはいる	41
男性	だんせい	99
単精度実数型	たんせいどじっすうがた	57
短精度整数型	たんせいどせいすうがた	77
単体テスト	たんたいてすと	57
単体テスト仕様書	たんたいてすとしようしょ	73
担当	たんとう	19
担当者別売上	たんとうしゃべつうりあげ	103
チェック	ちぇっく	53
チェックイン	ちぇっくいん	81
地方銀行	ちほうぎんこう	23
中規模	ちゅうきぼ	23
中国	ちゅうごく	15
抽象クラス	ちゅうしょうくらす	45
昼食	ちゅうしょく	69
注文書	ちゅうもんしょ	103
注文書受領	ちゅうもんしょじゅりょう	103
長期間	ちょうきかん	98
調達	ちょうたつ	107
調達期間	ちょうたつきかん	107
帳票	ちょうひょう	49
直送	ちょくそう	103
追加	ついか	57
通勤	つうきん	15
通常売上	つうじょううりあげ	103
ツール	つーる	15
～っけ	っけ	53
付け加える	つけくわえる	57
（バグを）つぶす	つぶす	81
手当	てあて	77
DM	でぃーえむ	98
定価販売	ていかはんばい	103
定期発注方式	ていきはっちゅうほうしき	107
提携	ていけい	23
提示する	ていじする	98
提出	ていしゅつ	73
定量発注方式	ていりょうはっちゅうほうしき	107
データ	でーた	49
データ型	でーたがた	57
データベース	でーたべーす	37
テーブル	てーぶる	98
テーマ	てーま	89
手形	てがた	99
テキスト	てきすと	77
テキスト型	てきすとがた	57
適正在庫	てきせいざいこ	107
適用	てきよう	57
できる（完成）	できる（かんせい）	41

テクノロジー	てくのろじー	15
デジタルカメラ	でじたるかめら	37
テスト結果報告書	てすとけっかほうこくしょ	73
テスト仕様書	てすとしようしょ	41
テストデータ	てすとでーた	57
手助け	てだすけ	53
手続き	てつづき	31
デッドストック	でっどすとっく	107
出てくる	でてくる	93
手配	てはい	31
デバッグ	でばっぐ	19
デビットカード	でびっとかーど	99
手元	てもと	73
デルファイ	でるふぁい	65
電源	でんげん	27
電子荷札	でんしにふだ	107
店頭在庫	てんとうざいこ	107
伝票	でんぴょう	49
添付	てんぷ	19
テンプレート	てんぷれーと	89
店舗	てんぽ	49
店舗受取	てんぽうけとり	99
店舗情報管理	てんぽじょうほうかんり	73
店舗情報管理機能	てんぽじょうほうかんりきのう	77
ドアック	どあっく	19
同期エラー	どうきえらー	85
統計	とうけい	61
当月在庫数	とうげつざいこすう	107
当座預金	とうざよきん	99
どうしても	どうしても	41
当社	とうしゃ	15
謄本	とうほん	31
どうも	どうも	53
同僚	どうりょう	53
登録	とうろく	49
得意先	とくいさき	93
得意先区分	とくいさきくぶん	103
得意先住所録	とくいさきじゅうしょろく	103
督促	とくそく	99
督促履歴	とくそくりれき	99
渡航	とこう	31
ところ	ところ	45
図書館	としょかん	31
.NET	どっとねっと	37
トップ	とっぷ	98
トップページ	とっぷぺーじ	98
都道府県	とどうふけん	99
隣	となり	41
土日	どにち	69
取りあえず	とりあえず	93
取扱説明書	とりあつかいせつめいしょ	53
取引	とりひき	49
取引履歴	とりひきりれき	99
ドロップダウンメニュー	どろっぷだうんめにゅー	93
TRON	とろん	37
問わない	とわない	98
とんかつ	とんかつ	93

な

内規	ないき	41
内部仕様書	ないぶしようしょ	45
内部設計書	ないぶせっけいしょ	41
内部時計	ないぶどけい	93
内容	ないよう	19
仲間	なかま	15
ナノテクノロジー	なのてくのろじー	15
（～に）慣れる	なれる	31
なんか	なんか	37
何とか	なんとか	37
二次	にじ	19
20代	にじゅうだい	27
日時	にちじ	106
日系企業	にっけいきぎょう	27
日本語力	にほんごりょく	41
入荷	にゅうか	49
入荷検品書	にゅうかけんぴんしょ	107
入金	にゅうきん	103
入金確定	にゅうきんかくてい	103
入金集計表	にゅうきんしゅうけいひょう	103
入金振込	にゅうきんふりこみ	103
入金明細表	にゅうきんめいさいひょう	103
入庫	にゅうこ	107
入庫数量	にゅうこすうりょう	107
入庫日	にゅうこび	107
入庫明細	にゅうこめいさい	107
入社	にゅうしゃ	23
入出庫履歴	にゅうしゅっこりれき	107
入出力	にゅうしゅつりょく	45
入力	にゅうりょく	45
人間関係	にんげんかんけい	57
ネーム・サーバー・アドレス	ねーむ・さーばー・あどれす	31
値段	ねだん	93
ネット専業銀行	ねっとせんぎょうぎんこう	23
ネットビーンズ	ねっとびーんず	65
ネットワークエンジニアリング	ねっとわーくえんじにありんぐ	23
ネットワーク・タイム・サーバー	ねっとわーく・たいむ・さーばー	93
念のため	ねんのため	53
年齢	ねんれい	99
納期	のうき	57
納入	のうにゅう	61
納入日	のうにゅうび	107
納品	のうひん	103
納品書	のうひんしょ	103
望ましい	のぞましい	102
延ばす	のばす	69

は

バーコードリーダー	ばーこーどりーだー	93
バージョン	ばーじょん	61
バージョン管理システム	ばーじょんかんりしすてむ	61
パーツショップ	ぱーつしょっぷ	93
ハード	はーど	15
ハードウェア	はーどうぇあ	23
Perl	ぱーる	37
バイオテクノロジー	ばいおてくのろじー	15

さくいん

廃棄処分	はいきしょぶん	107	無事に	ぶじに	89
廃棄する	はいきする	106	不正アクセス	ふせいあくせす	93
拝見する	はいけんする	19	普通預金	ふつうよきん	99
倍精度実数型	ばいせいどじっすうがた	57	物流	ぶつりゅう	107
配送	はいそう	107	浮動小数点	ふどうしょうすうてん	77
配属	はいぞく	23	船便	ふなびん	31
配達日時	はいたつにちじ	99	不満	ふまん	57
はがき	はがき	85	部門	ぶもん	19
バグ	ばぐ	65	プラグイン	ぷらぐいん	65
バグ票	ばぐひょう	73	プラスする	ぷらすする	103
外す	はずす	65	ブラック・ボックス・テスト		
パスワード	ぱすわーど	31		ぶらっく・ぼっくす・てすと	85
はっきり	はっきり	53	振込	ふりこみ	103
パッケージ化	ぱっけーじか	23	振込予定	ふりこみよてい	103
発行	はっこう	93	プルダウンメニュー	ぷるだうんめにゅー	93
発注	はっちゅう	49	プレゼンテーション	ぷれぜんてーしょん	89
発注者	はっちゅうしゃ	53	フローチャート	ふろーちゃーと	98
発注点	はっちゅうてん	106	プログラマー	ぷろぐらまー	19
発注点在庫	はっちゅうてんざいこ	107	プログラミング	ぷろぐらみんぐ	27
バッファオーバーラン	ばっふぁおーばーらん	85	プロジェクトマネージャー	ぷろじぇくとまねーじゃー	37
ハノイ	はのい	19	分岐網羅テスト	ぶんきもうらてすと	85
パレット	ぱれっと	107	分散コンピューティング	ぶんさんこんぴゅーてぃんぐ	27
パワーポイント	ぱわーぽいんと	89	文書テスト	ぶんしょてすと	81
バンガロール	ばんがろーる	19	分析	ぶんせき	49
パンクする	ぱんくする	31	分野	ぶんや	15
販促	はんそく	98	ベースクラス	べーすくらす	45
反対の	はんたいの	45	変	へん	53
判断する	はんだんする	102	勉強中	べんきょうちゅう	37
判定	はんてい	102	編集	へんしゅう	61
半導体	はんどうたい	15	返品	へんぴん	61
販売	はんばい	49	報告	ほうこく	49
販売員コード	はんばいいんこーど	98	法人	ほうじん	31
販売管理	はんばいかんり	73	法人登記簿	ほうじんとうきぼ	31
販売管理機能	はんばいかんりきのう	77	保管料	ほかんりょう	107
販売促進（販促）	はんばいそくしん	98	募集	ぼしゅう	19
販売予算	はんばいよさん	103	保守マニュアル	ほしゅまにゅある	81
販売予測	はんばいよそく	107	POS	ぽす	93
半分	はんぶん	19	PostgreSQL	ぽすとぐれえすきゅーえる、ぽすぐれ	37
PHP	ぴーえいちぴー	27	ボタン	ぼたん	93
BSD	びーえすでぃー	37	ほら	ほら	45
ヒープオーバーラン	ひーぷおーばーらん	85	ホワイト・ボックス・テスト		
引当	ひきあて	103		ほわいと・ぼっくす・てすと	85
（辞書を）引く	ひく	53	本棚	ほんだな	41
ビザ	びざ	19			
ビジュアルスタジオ	びじゅあるすたじお	65	## ま		
Visual Basic	びじゅあるべーしっく	37	MySQL	まいえすきゅーえる	37
左上	ひだりうえ	93	マイナスする	まいなすする	103
筆記試験	ひっきしけん	27	マシン	ましん	27
ピッキングリスト	ぴっきんぐりすと	107	マスター	ますたー	77
ビットキーパー（ソフト名）	びっときーぱー	61	マニュアル	まにゅある	53
非同期エラー	ひどうきえらー	85	（〜した）まま	まま	85
昼休み	ひるやすみ	53	ミーティング	みーてぃんぐ	53
品名	ひんめい	93	見込み顧客	みこみこきゃく	99
ファイル	ふぁいる	57	ミス	みす	61
ファクス番号	ふぁくすばんごう	99	見積	みつもり	49
フォーマット	ふぉーまっと	89	見積依頼	みつもりいらい	73
負荷テスト	ふかてすと	81	見積書	みつもりしょ	103
複数	ふくすう	49	見積入力	みつもりにゅうりょく	103
含める	ふくめる	98	見積明細表	みつもりめいさいひょう	103
ふさぐ	ふさぐ	93			

ミドルウェア	みどるうぇあ	69
(〜を)身に付ける	みにつける	23
未来	みらい	15
未来創造社(架空の会社名)	みらいそうぞうしゃ	15
昔	むかし	27
〜向け	むけ	23
無視する	むしする	41
名義人	めいぎにん	99
命令網羅テスト	めいれいもうらてすと	85
メール	めーる	19
メールアドレス	めーるあどれす	31
メカトロニクス	めかとろにくす	15
メッセンジャー	めっせんじゃー	85
メニュー	めにゅー	65
メニューバー	めにゅーばー	93
目を通す	めをとおす	41
面接	めんせつ	19
申す	もうす	19
文字	もじ	85
文字型	もじがた	77
モジュール	もじゅーる	49
文字列型	もじれつがた	77
求める	もとめる	15
戻り値	もどりち	103
モニター	もにたー	93
モバイルコンピューティング	もばいるこんぴゅーてぃんぐ	27

や

役職	やくしょく	37
役に立つ	やくにたつ	27
ヤフー	やふー	61
やりとり	やりとり	45
URL	ゆーあーるえる	31
UML	ゆーえむえる	69
有効	ゆうこう	19
ユーザー	ゆーざー	53
ユーザー教育	ゆーざーきょういく	89
ユーザーチュートリアル	ゆーざーちゅーとりある	81
ユーザーマニュアル	ゆーざーまにゅある	81
ユーザビリティテスト	ゆーざびりてぃてすと	85
優先順位	ゆうせんじゅんい	41
郵送	ゆうそう	19
ユーティリティーコンピューティング	ゆーてぃりてぃーこんぴゅーてぃんぐ	27
郵便	ゆうびん	19
郵便番号	ゆうびんばんごう	99
郵便振替	ゆうびんふりかえ	99
有望	ゆうぼう	27
有用度テスト	ゆうようどてすと	81
優良顧客	ゆうりょうこきゃく	98
輸送手段	ゆそうしゅだん	107
UNIX	ゆにっくす	37
ユビキタスコンピューティング	ゆびきたすこんぴゅーてぃんぐ	27
ユビキタスネットワーク	ゆびきたすねっとわーく	15
夢	ゆめ	15
緩める	ゆるめる	98
〜用	よう	81
要員	よういん	69
要件仕様書	ようけんしようしょ	45
要件定義書	ようけんていぎしょ	41
要素	ようそ	103
用途	ようと	27
予算	よさん	49
予算実績対比表	よさんじっせきたいひひょう	103
与信	よしん	99
与信限度	よしんげんど	99
与信保留	よしんほりゅう	99
予想	よそう	77
予定どおり	よていどおり	61
予約システム	よやくしすてむ	37
よろしいですか	よろしいですか	37

ら

来店する	らいてんする	99
楽になる	らくになる	31
ランタイム	らんたいむ	65
ランタイムエラー	らんたいむえらー	85
リードする	りーどする	23
リードタイム	りーどたいむ	107
履修	りしゅう	23
リスト	りすと	93
LINUX	りなっくす	37
リファレンスマニュアル	りふぁれんすまにゅある	85
流通会社	りゅうつうがいしゃ	107
留保	りゅうほ	103
領事館	りょうじかん	31
量子コンピューティング	りょうしこんぴゅーてぃんぐ	27
領収書	りょうしゅうしょ	31
履歴	りれき	49
累計購買回数	るいけいこうばいかいすう	99
累計購買金額	るいけいこうばいきんがく	99
ルートクラス	るーとくらす	45
冷凍	れいとう	93
労働法	ろうどうほう	57
ローマ字	ろーまじ	99
ロゴ入り	ろごいり	89
ロジスティクス	ろじすてぃくす	107
ロット	ろっと	107
ロボット	ろぼっと	15
ロング	ろんぐ	77

わ

ワード	わーど	89
和英辞典	わえいじてん	53
〜割	わり	65

著者紹介	村上吉文 むらかみよしふみ
	杏林大学大学院国際文化交流研究科修了。国際交流基金の日本語上級専門家として海外の日本文化センター、教育省などで日本語教育のアドバイザーをつとめる。2021年よりニューデリー日本文化センター派遣。ブログ「むらログ　日本語教師の仕事術」でソーシャル・メディアを利用した自律学習による外国語習得法「冒険家メソッド」を提唱している。毎週金曜日に日本語教師のサードプレイスとして「#zoomでハナキン」を主催している。

しごとの日本語　IT業務編　JAPANESE FOR BUSINESS FOR THE INFORMATION TECHNOLOGY INDUSTRY

発行日	2008年10月16日　初版発行
	2025年2月14日　（第9刷）
著者	村上吉文
編集	株式会社アルク日本語編集部
校正	岡田英夫
英語翻訳	Jenine Heaton　Carolyn J.Heaton
英文校正	Peter Branscombe　Priyanka Hansraj
表紙デザイン	中村 力
本文デザイン	田松光子
イラスト	森 朋浩
DTP	株式会社創樹
印刷・製本	TOPPANクロレ株式会社
発行者	天野智之
発行所	株式会社アルク
	〒141-0001
	東京都品川区北品川 6-7-29
	ガーデンシティ品川御殿山
	Website: https://www.alc.co.jp/

地球人ネットワークを創る
アルクのシンボル「地球人マーク」です。

・落丁本、乱丁本は弊社にてお取り替えいたしております。Web お問い合わせフォームにてご連絡ください。
　https://www.alc.co.jp/inquiry/

・本書の全部または一部の無断転載を禁じます。著作権法上で認められた場合を除いて、本書からのコピーを禁じます。
・定価はカバーに表示してあります。

製品サポート：https://www.alc.co.jp/usersupport/

©2008 村上吉文/国際交流基金/ALC PRESS INC.
Printed in Japan.
PC：7008115
ISBN：978-4-7574-1477-8